Das Fussball-Eltern Handbuch
Der Praxis-Leitfaden.

Für glückliche Kinder und zufriedene Eltern.

AF281738

Aus Gründen der Klarheit und zum besseren Lesefluss verwenden wir generell an Stelle von weiblichen und männlichen Sprachformen,
wie z.B. Fussballerinnen und Fussballer, die sprachliche Einheitsform
(„Fussballer").

Damit meinen wir ausdrücklich Frauen und Männer
als gleichwertige Personen.

Wir danken Dir für Dein Verständnis.

©FussballFuchs, Markus Nann
Fotos: MS ClipArt von Windows 7
Satz und Gestaltung: Markus Nann
Verlag: BoD · Books on Demand GmbH, In de Tarpen 42, 22848 Norderstedt
Druck: Libri Plureos GmbH, Friedensallee 273, 22763 Hamburg

ISBN: 978-3-7597-9379-9

Printed in Germany

FSC
www.fsc.org

MIX
Papier aus verantwortungsvollen Quellen
Paper from responsible sources
FSC® C105338

Inhalt

1. Einleitung

Herzlichen Glückwunsch. Du hältst den Praxis- Leitfaden für Eltern in Deinen Händen, welcher mit dem einzigen Ziel geschrieben wurde, Dir ein Werkzeug zur Verfügung zu stellen, mit dem Du Dein Kind von Anfang an beim Fussballspielen in einem Fussballverein kompetent begleiten, schützen und unterstützen kannst.

Dieses Buch ist ganz bewusst ohne Schnick & Schnack gestaltet. Es soll Dich nicht mit unnötigen Informationen, Grafiken und Bildern ablenken. Arbeite dieses Buch beim ersten Mal einfach von Vorne bis Hinten durch. Danach kannst Du es bei Bedarf als Nachschlage- und Inspirationswerk nutzen, wenn Du Fragen hast oder in einer Situation feststeckst.

Lass Dich von der Einfachheit vieler Ratschläge nicht irritieren. Gerade weil sie so einfach sind, sind sie so zeitlos wirkungsvoll.

Da für Dich nur das Beste für Dein Kind gut genug ist, wirst Du durch die Kompetenz, welche Du mit diesem Buch erwirbst, Deinem Kind in allen seinen Hochs- und Tiefs, die es bei seinem neuen Hobby erleben wird, helfen können.

Das Fussballspielen bringt neben dem rein Sportlich-Technischen so ganz beiläufig einiges, was auch für den Erfolg in allen anderen Lebensbereichen hilfreich und wichtig ist.

Was spricht für das Fussballspielen im Verein?
Fussball ist eine Mannschaftssportart. Alle Mannschaftssportarten haben den Vorteil, dass Kinder lernen, sich in eine soziale Gruppe einzufügen. Ein Einzelner alleine kann kein Spiel gewinnen, im Fussball noch weniger als in andern Mannschaftssportarten. Es braucht alle für den gemeinsamen Erfolg. Kinder lernen, zusammen im Team (**Teamgedanke**) zu gewinnen und zu verlieren. Zudem hat, wer anständiges Gewinnen und würdevolles Verlieren gelernt hat, viele Vorteile in allen anderen Lebensbereichen.

Dein Kind erwirbt neben dem Fussballspielen eine Erweiterung seiner **Sozialkompetenzen**, z.B., sich in einem fairen Wettkampf nach klaren Regeln mit einem Gegner zu messen, seinen Platz innerhalb einer Gruppe zu finden, sich auf anständige Art und Weise durchzusetzen, Freud und Leid zusammen zu teilen und einander zu unterstützen.

Fussballspielen im Verein eignet sich auch sehr gut, um **Disziplin** zu erlernen, den eigenen **Durchhaltewillen** zu stärken und bei Problemen nicht gleich aufzugeben. Alles in allem ist Fussball eine gute gemeinschaftsfördernde **Lebensschule** quer durch alle sozialen Schichten und Nationalitäten hindurch.

Zurück zum Ziel dieses Praxis-Leitfadens: Die Informationen in diesem Buch helfen Dir, sofort kompetent handeln zu können, dies zum Wohle Deines Kindes und zu Deinem eigenen Vorteil. Du bekommst praxisbewährte Tipps und Beispiele sowie weiterführende Hintergrundinformationen, welche Dir helfen, zeitnah gute Entscheidungen zu treffen.

In diesem Sinne wünsche ich Dir und Deinem Kind viel Glück und gutes Gelingen mit der Unterstützung dieses Praxis-Leitfadens.

1.1. Übersicht gewinnen und Grundsatzentscheid fällen

Wenn sich Dein Kind eines Tages freudig vor Dich hinstellt und Dir verkündet, es möchte Fussballspielen, so musst Du zwar nicht gleich alles in die Wege leiten. Die Angelegenheit auf die lange Bank zu schieben empfiehlt sich aber auch nicht.

Wann ist der **richtige Zeitpunkt**, um mit seinem Kind in einem Fussballverein einsteigen? Es gibt ja Vereine, welche bereits 4jährige in den Trainingsbetrieb aufnehmen. Wenn Du Dein Kind zum Fussball spielen motivieren musst, oder die Blümchen am Spielfeldrand, die Vögel auf den Bäumen oder die Flugzeuge am Himmel für Dein Kind noch interessanter sind als der Ball auf dem Platz, dann solltest Du damit noch zuwarten.
Bei Kindern, welche sich sportliche Betätigungen und intensive Bewegungen nicht gewohnt sind, oder bei **übergewichtigen Kindern**, ist darauf zu achten, dass sie "langsam Einsteigen" können. Sonst besteht die Gefahr, dass sie sich übernehmen und sofort die Lust allgemein an sportlicher Betätigung verlieren. Leidet Dein Kind an **gesundheitlichen Beeinträchtigungen**, so ist das Fussballspielen unbedingt zuvor mit dem **Kinderarzt** abzusprechen.

Falls es für Dich jetzt schon klar ist, dass Dein Kind zum Fussballspielen in einen Verein gehen darf/kann, kannst Du direkt zum Kapitel 1.2 "Vorbereitung" weitergehen.

Wenn dies für Dich noch nicht klar ist, dann mach einfach in diesem Kapitel weiter.
Bei der Entscheidungsfindung geht es zunächst darum, die Übersicht zu gewinnen und dann auf einer sauberen Basis den Grundsatzentscheid zu fällen, ob, wie und wann Dein Kind mit dem Fussballspielen in einem Verein beginnen soll oder eben (noch) nicht.

1.1.1. Analyse der aktuellen Gesamtsituation

Zur Analyse der aktuellen **Gesamtsituation** benötigst Du alle wesentlichen Informationen in übersichtlicher Form. So hast Du einen guten Überblick und bist in der Lage, die richtigen Schlüsse daraus zu ziehen.

Du kannst dabei auf verschiedene Arten vorgehen. Ich bevorzuge die tabellarische Form, wie im folgenden Beispiel dargestellt.

Dabei beginne ich damit, mir die **Zeitverhältnisse** auf dem Wochenplan aufzuzeichnen. Dies hilft mir zu erkennen, ob für das Fussballspielen im Verein genügend Zeit vorhanden ist, oder ob etwas anderes gestrichen werden müsste, damit Fussballspielen überhaupt möglich wäre.

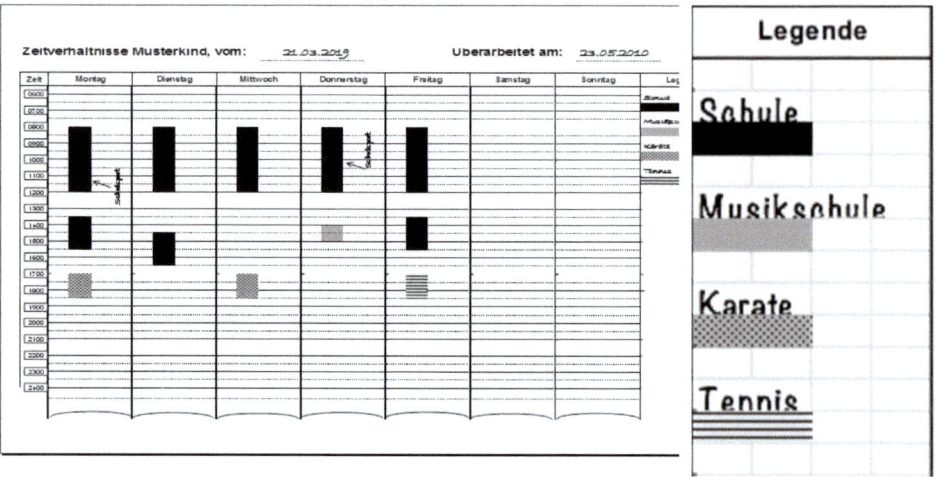

In einem ersten Schritt werden alle fixen Aktivitäten des betreffenden Kindes eingetragen (wie im Muster oben). Zweitens werden, am besten mit einer andern Farbe oder einer andern Schraffur, alle weiteren nicht fixen Aktivitäten des betreffenden Kindes eingetragen, wie z.B. Zeit für Hausaufgaben, Ruhe, Erholung, usw. Drittens werden, am besten mit einer dritten Farbe oder einer dritten Schraffur, weitere familiäre Termine eintragen.

Wenn Du dann alle Termine und Aktivitäten auf dem Wochenplan aufgezeichnet hast, verfügst Du über eine solide Basis, um einen guten Entscheid fällen zu können.

Als Nächstes geht es darum, neben den zeitlichen Verhältnissen die restlichen relevanten Faktoren übersichtlich aufzulisten. Ich tue auch das am liebsten in tabellarischer Form, wie im folgenden Muster dargestellt.

Faktor	Bewertung (Noten von 1 - 6)	Begründung/Bemerkungen
Zeitverhältnisse		
Motivation Kind		
Motivation Eltern		
Ausdauer Kind*		
Belastbarkeit Kind		
Familiäre Situation		
Andere Hobbies		

* Ist Dein Kind beständig und ausdauernd mit dem, was es möchte, oder wechselt es seine Wünsche und Ansichten alle paar Tage? (Beständig → gute Note)

In der vorherigen Tabelle habe ich einige wichtige Faktoren aufgeführt. Die Liste erhebt keinen Anspruch auf Vollständigkeit. Füge einfach alle weiteren für Dich wichtigen Faktoren hinzu, und wenn Du der Meinung bist, einer der in der Tabelle oben aufgeführten Faktoren sei völlig unwichtig, dann lasse diesen in Deiner Tabelle einfach weg.

Nach dem Sammeln und Darstellen der wesentlichen Faktoren folgt das Bewerten. Wenn Du alle für Dich wesentlichen Faktoren aufgeführt hast, bewerte diese anschliessend mit einer Note von 1 – 6. Am besten begründest Du Deine Notengebung zusätzlich in der Spalte "Begründung/Bemerkungen". Dadurch verschaffst Du Dir die grösstmögliche Klarheit.

1.1.2. Grundsatzentscheid fällen
Im vorherigen Kapitel hast Du die Grundlagen für Deine **Grundsatzentscheidung** geschaffen.

Nun geht es darum, auf dieser Basis zu entscheiden. Ein ganz zentraler Faktor dabei ist, ob Du alleine entscheiden kannst, oder ob Du diesen Entscheid mit andern (Partner, weitere Betreuungspersonen etc.) zusammen fällen / koordinieren müsst. Denn beim Fussballspielen im Verein finden die Juniorenspiele (Meisterschaft/Turniere) praktisch immer an Samstagen und/oder Sonntagen statt.

Um eine Entscheidung ohne mehrere Varianten zu fällen, benutze ich nachfolgendes Schema. Du kannst Deinen Entscheid auch auf eine andere, für Dich passendere Art fällen.

Was spricht dafür? (Vorteile, Nutzen)	Punkte	Was spricht dagegen? (Nachteile, Kosten)	Punkte
Motivation Kind	2	Andere Hobbies	1
Belastbarkeit Kind	4	Familiäre Situation	3
Total Punkte	6	Total Punkte	4

Pro Argument vergebe ich Bewertungspunkte. Die höchste Punktzahl, die für ein einzelnes Argument vergeben werden kann, entspricht der Total-Anzahl der Argumente, z.B. bei fünf Argumenten 5 Punkte, bei 6 Argumenten 6 Punkte. Jede Punktzahl kann nur einmal vergeben werden, d.h. wenn fünf Argumente vorhanden sind, bekommt das wichtigste Argument 5 Punkte, das zweitwichtigste 4 Punkte, usw. Dies führt zu klaren Entscheiden.

Im vorliegenden Beispiel überwiegen die Vorteile, Weshalb der Entscheid lautet:

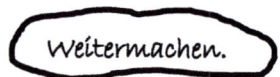

Weitermachen.

1.2. Die Vorbereitung

Da Du in diesem Kapitel angelangt bist, hast Du Dich offensichtlich dazu ent-schieden, dass Dein Kind mit dem Fussballspielen in einem Verein beginnen darf. Nun geht es darum, diesen Prozess positiv weiter zu gestalten.

Wie heisst es doch so schön im Volksmund: *Die Vorbereitung ist das A und O*, oder auch: *Die Vorbereitung ist die halbe Miete*. Mit einer guten Vorbereitung ist die halbe Arbeit bereits erledigt und die optimale Voraussetzung für den Erfolg geschaffen.

1.2.1. Die Planung

Mittels **Planung** *wird zwar lediglich der* **Zufall** *durch den* **Irrtum ersetzt**. Aber im Gegensatz zum Zufall kann man Irrtümer korrigieren. Somit hast Du immer einen Vorteil, wenn Du planst.

Hier einige Vorteile des Planens:

- ☐ Hilft, Ziele effektiver und effizienter zu erreichen.
- ☐ Schafft mehr Klarheit und ermöglicht das Koordinieren und das Delegieren.
- ☐ Erweitert die Übersicht und stärkt die Handlungsfreiheit.
- ☐ Erhöht den Schutz vor unliebsamen Überraschungen.

Planen lohnt sich also für Dich. Auch, weil in diesem Praxis-Leitfaden der grösste Teil der Planungsarbeit, nämlich eine Grundstruktur zu erstellen und die Abfolge der Schritte festzulegen, bereits gemacht wurde. Lese einfach die folgenden Kapitel der Reihe nach durch und setze danach die sich daraus ergebenen "Massnahmen" Schritt für Schritt um. So erreichst Du Dein jeweiliges Ziel am einfachsten.

1.2.2. Die eigene familiäre Vorbereitung

Um sich selbst und die eigene Familie auf das neue Hobby des Kindes vorzube-reiten ist es hilfreich, sich mit den unterschiedlichen Erwartungshaltungen der involvierten Player vertraut zu machen. Ich habe die wichtigsten und häufigsten in der nachfolgenden Tabelle aufgeführt. Wenn Du diese beachtest, bist Du bereits genügend gut vorbereitet.

Meine Auflistung in der Tabelle liesse sich endlos fortführen und verfeinern. Selbstverständlich kannst Du eigene für Dich wichtige Punkte hinzufügen. Nach der Auflistung gehe ich auf zwei Erwartungen noch etwas vertiefter ein.

Erwartungen Kind	Erwartungen Eltern	Erwartungen der Schule	Erwartungen Fussballverein, Trainer
Mit Freude Fussball-spielen dürfen.	Sinnvolle Freizeitbe-schäftigung.	Sinnvolle Freizeitbe-schäftigung.	Unterstützung durch die El-tern.
Verständnis (mit Begeisterung) der Eltern.	Positive fussballeri-sche Entwicklung.	Schulung von Sozial-kompetenzen.	Einhalten von Regeln, Ver-pflichtungen und Abma-chungen.
Verständnisvolle Trainer.	Schule darf nicht leiden.	Schule vor Fussball.	
Gute Kamerad-schaft.	Verständnisvolle Trainer.	Schulung sportlicher Kompetenzen.	
Fairness / Ge-rechtigkeit	Gerechte und faire Trainer.		
Gefordert und gefördert wer-den.	Fähige Trainer als "Fussball-Lehrer".		
	Nicht durch den Fussball fremdbe-stimmt werden.		

Erwartungen der Geschwister
Wenn mein Geschwister nun Fussballspielen darf, will ich auch im selben Rahmen und mit derselben Unterstützung meiner Eltern mein Hobby betreiben dürfen!

Erwartung Kind: Mit Freude Fussballspielen dürfen

Liebe Eltern

Danke, dass Ihr es mir ermöglicht, mit meinen Freunden zusammen im Verein Fussballspielen zu dürfen. Dies ist mir sehr wichtig und bedeutet mir sehr viel. Ich weiss, dass Ihr Euch viel Mühe gebt, damit ich dieses neue Hobby mit Freude ausüben darf.

Folgendermassen könnt Ihr mich und unsere Mannschaft am besten dabei unter-stützen, dass wir alle weiterhin gemeinsam viel Freude daran haben können:

Zunächst zu Dir, lieber **Papa**. Wenn Du Kommentare machst darüber, was unser Trainer wieder getan oder eben nicht getan hat und wie unfähig er sei, verunsi-chert mich das und ich kann nicht mehr befreit und voller Freude spielen. Wenn wir ein Spiel haben, bin ich sehr froh darüber, wenn Du unser ganzes Team und nicht nur mich anfeuerst, und wenn du mir während des Trainings oder eines Spiels nicht zurufst, was ich jetzt wieder mit dem Ball machen soll oder wohin ich rennen soll. Letzteres tut schon der Trainer, und ich kann nicht gleichzeitig gut

Fussball spielen und auf mehrere Leute hören. Ich bin Dir auch sehr dankbar, wenn Du meine Mitspieler nicht kritisierst, denn die meisten von ihnen sind meine Freunde, und ohne meine Mitspieler kann ich nicht Fussballspielen. Wir wollen alle zusammen als Mannschaft gewinnen, und keiner spielt absichtlich schlecht. Ich verstehe Dich schon, wenn Du Dich nervst, wenn wir schlecht spielen, mich nervt es ja auch. Ein weiterer Punkt ist: unsere Gegner und deren Eltern sind keine Unmenschen, und bei unserem Spiel geht es nicht um die Weltmeisterschaft, auch wenn wir unser Spiel genauso ernst nehmen wie die grossen Profis.

Nun zu Dir, liebe **Mama**. Danke, dass Du Dich sehr um mich sorgst, aber bitte übertreibe es nicht mit Kommentaren über Mitspieler oder den Schiedsrichter, denn das ist mir voll peinlich. Als ich im letzten Spiel von einem Gegenspieler gefault wurde, hat der Schiedsrichter ja gepfiffen und Freistoss für uns gegeben. Zum Glück hast Du da nicht wie die Mutter von, naja, Du weisst schon von wem, den Schiedsrichter lautstark als blinde Nuss mit Tomaten auf den Augen betitelt. Sowas hilft uns nämlich nicht weiter und lenkt uns nur vom Spiel ab.

Auch finde ich es völlig uncool, wenn die besagte Mutter hysterisch an der Seitenlinie herumschreit und herumhüpft wie ein aufgescheuchtes Huhn, sobald wir mit dem Ball vors gegnerische Tor kommen. Wie sollen wir so ein Tor erzielen?

Könntest Du ihr dies vielleicht bei einem Eurer Kaffeekränzchen einmal schonend beibringen? Das wäre super, vielen Dank.

Ich bin Dir auch sehr dankbar dafür, dass Du mit Papa vor meinem letzten Spiel die wichtigsten Spielregeln, wie Handspiel, Abseits/Offside einmal angesehen hast. Denn so kann ich jetzt mit Dir viel besser über unser Spiel reden, da Du jetzt auch zu unserem Expertenteam gehörst.

Also, nochmals vielen Dank, dass ich Fussballspielen darf. In der Schule gebe ich mir natürlich weiterhin Mühe, denn ich will ja nicht nur fussballerisch Erfolg haben in meinem Leben.

Erwartung Fussballverein/Trainer: Einhalten von Regeln, Verpflichtungen und Abmachungen

Fussball ist eine Mannschaftssportart. Zur erweiterten Mannschaft Ihres Kindes gehören auch Sie als Eltern. Wir als Verein mit unseren ehrenamtlichen Funktionären und Trainern (zu über 99% keine Profis) sind bestrebt, möglichst alle Kinder nach bestem Wissen und Gewissen zu fördern und ins Team zu integrieren, was uns mal besser und mal weniger gut gelingt.

Folgendes können Sie als Eltern beisteuern, damit der Trainings- und Spielbetrieb für alle Beteiligten möglichst gut funktioniert:

☐ Regeln, Abmachungen und Termine einhalten. Informieren Sie bei Verhinderung uns Trainer möglichst frühzeitig.

☐ Sich über Verpflichtungen informieren und diese einhalten, denn bei jedem Verein gibt es für Eltern gewisse Verpflichtungen.

Dies sind die beiden wichtigsten Punkte für einen guten Start. Alles Weitere über uns als Fussballverein erfahren Sie im Kapitel 4 "Gut zu Wissen".

1.2.3. Auswahl eines Vereins

Je nachdem wo Du wohnst stellt sich die Frage, ob Du überhaupt eine Auswahlmöglichkeit hast. In ländlichen Gebieten kann es gut sein, dass es nur einen Fussballverein in einer mehr oder weniger vernünftigen Distanz zu Euerem Wohnort gibt. Dann hast Du nur die Wahl, Dein Kind in diesem Verein spielen zu lassen oder eben nicht.

In städtischen Gebieten ist es dagegen gut möglich, dass Du bis zu 5 Vereine in einer vernünftigen Distanz zu Euerem Wohnort hast. Da gilt es, eine Auswahl zu treffen. Eventuell bist Du nun etwas überrascht, wie viele Punkte ich in der nachfolgenden Checkliste dazu aufgeführt habe, und Du denkst vielleicht, es sei nicht notwendig, so viele Punkte zu beachten. Die Erfahrung hat allerdings gezeigt, dass, wenn es zwischen Dir und dem Verein/Trainer zu Problemen kommt, die Klarheit und das Wissen über diese Punkte rasch sehr wichtig werden. Für eine solche Situation bist Du dann im Vorteil und vor gewissen bösen Überraschungen besser geschützt, wenn Du die Checkliste vor der Vereinsauswahl Punkt für Punkt durcharbeitest. Dies nach dem Motto: Vorbeugen ist besser als Heilen!

So gehst Du am besten vor:

☐ Frage Dein Kind, in welchem Verein, in welchen Vereinen, seine Freunde/Schulkollegen spielen.

☐ *Bei Mädchen: Hat es in diesem Verein für die älteren Mädchen (ab ca. 13 Jahren) eigene Teams und bei den Aktiven (ab 20 Jahren) auch Damenmannschaften? → Sagt etwas über den Stellenwert des Frauenfussballs im jeweiligen Verein aus.*

☐ Recherchiere im Internet:
  o Nähe zum Wohnort: Kann Dein Kind, wenn es gross genug ist, den Weg alleine oder mit Kollegen möglichst sicher mit dem Fahrrad oder mit einem öffentlichen Verkehrsmittel zurücklegen?
  o Hat der Verein ein Juniorenförderkonzept (dieses kann auch anders heissen)?
  o Sind die Vereinsstatuten einsehbar? → Falls nicht, verlange diese.
    ▪ Wozu verpflichtet Ihr Euch als Eltern gemäss Vereinsstatuten gegenüber dem Verein? → Finanziell, Mitarbeit, usw.?

- Wird in den Statuten und/oder auf der Website des Vereins auf weitere verbindliche Dokumente hingewiesen? → Falls Ja, verschaffe Dir einen Einblick in diese.

- Welche Rechte habt Ihr als Eltern?

- Seid Ihr als Eltern Vereinsmitglied mit Stimmrecht oder nicht?

- Ab welchem Alter ist Dein Kind Vereinsmitglied mit Stimmrecht?
  o Welchen Ruf/Image hat der Verein?
  o In welcher Liga spielt die Erste Mannschaft? → Spielt diese in einer höheren Liga, kann dies ein Grund sein für höhere **Saisonbeiträge** bzw. **Jahresbeiträge**, in der Regel Mitgliederbeiträge genannt, bei den Junioren (=Quersubventionierung der 1. Mannschaft). Das muss nicht zwingend negativ sein, denn auch Dein Kind könnte später davon profitieren. Es ist aber gut, dies zu wissen und sich dessen bewusst zu sein.

☐ Frage Eltern von Freunden/Schulkollegen über ihre Erfahrungen mit diesem Verein. → Vor allem, wie die Leute vom Verein mit Kritik und mit angesprochenen Problemen umgehen.

☐ Sprich nach all den obigen Abklärungen mit dem zuständigen Juniorenverantwortlichen, in der Regel **Juniorenobmann** genannt, persönlich / telefonisch, ob Dein Kind in diesem Verein mit dem Fussballspielen beginnen kann, oder ob es **Wartelisten** gibt. → Gibt es solche, ist es empfehlenswert, bei einem weiteren Verein anzufragen, und zwar so lange, bis Du nach Möglichkeit einen passenden Verein ohne Warteliste gefunden hast.

Gehe die oben aufgeführten Checkpunkte pro möglichen Verein durch und erstelle danach für Euch eine Rangliste der Vereine.

Wichtig: Wenn Du jetzt "Eueren Verein" ausgelesen hast, heisst dies noch nicht, dass Dein Kind dort in die Juniorenabteilung aufgenommen wird. Viele Vereine haben **Wartelisten** und können zumindest vorübergehend keine Junioren mehr aufnehmen. Also versprechen Deinem Kind nur, dass Du Dich darum kümmern und dass es damit rechnen muss, nicht oder erst später im selben Verein und nicht in derselben Mannschaft wie seine Freunde/Schulkollegen spielen zu können.

1.2.3.1. Finanzen budgetieren

Wenn Dein Kind im Verein Fussball spielt, kommen automatisch neue Kosten auf Euch zu. Als erstes sind die sogenannten jährlichen **Mitgliederbeiträge** des Fussballvereins zu nennen. Je nach Zeitpunkt des Einstiegs in den Verein schuldest Du dem Verein den gesamten Betrag oder zumindest einen Teilbetrag. Für

Deine Budgetierung rechnest Du am besten mit dem gesamten Betrag. Dann befindest Du Dich auf der sicheren Seite.

Eventuell kennt der Verein in seinen Statuten oder Reglementen noch weitere finanzielle Verpflichtungen für Euch als Eltern. Falls ja, rechne diese mit ein.

Weitere Kosten entstehen Euch durch die Fussballausrüstung. Hier rate ich Dir, nicht bei der Qualität der Ausrüstung zu "sparen". Dies könnte sich später rächen, z.B. wenn sich Dein Kind wegen mangelhafter Ausrüstung eine Verletzung zuzieht oder wenn der Ausrüstungsgegenstand sehr rasch kaputt geht und seine Funktion nicht mehr erfüllen kann. In solchen Fällen hast Du rasch Mehrkosten ohne entsprechenden Gegenwert. Auf der anderen Seite braucht Dein Kind auch nicht die teuersten Markenartikel seines Lieblings-Spielers oder seines Lieblings-Vereins, um im Fussballverein mittrainieren zu können. Weiter kannst Du mit dem Beschaffen der Ausrüstung ruhig zuwarten, bis Dein Kind definitiv als Spieler in den Verein aufgenommen wird. Viele Vereine haben wie bereits erwähnt Wartelisten, und so kann es vorkommen, dass Dein Kind nicht sofort mitmachen kann. Auch viele Vereine mit Wartelisten bieten aber sogenannte **Probetrainings**, auch **Schnuppertrainig**, **Testtraining**, usw. genannt, an. Das heisst, Dein Kind kann rund ein- bis dreimal (je nach Verein) an einem normalen Mannschaftstraining teilnehmen und sich dann entscheiden, ob es immer noch mitmachen bzw. auf der Warteliste bleiben möchte. Für solche Probetrainings muss Dein Kind noch nicht vollkommen ausgerüstet sein, da kann es beispielsweise auch mit Turn- anstatt mit Fussballschuhen spielen.

Zusätzlich können indirekte Kosten auf Euch zukommen. Z.B. wenn Ihr vom Verein dazu verpflichtet sind, Fahrdienste zu übernehmen, ein Spieler- Dress (der ganzen Mannschaft) zu waschen, Pausentee für den Match mitzubringen, usw. Auch diese Kosten müssen mitberechnet werden.

Und zum Schluss: Es lohnt sich, Eure Versicherungsdeckung (Kranken- und Unfallversicherung) zu überprüfen. In der Regel gibt es zwar keine Probleme mit den Versicherungen, da Fussball nicht zu den Risikosportarten zählt. Aber auch hier gilt: Vorbeugen ist besser als Heilen.

1.2.4. Kontaktaufnahme mit dem Fussballverein

Sind diese Vorarbeiten alle erledigt, bist Du gut vorbereitet für die erste Kontaktaufnahme mit dem Verein. Die meisten Vereine haben alle notwendigen Informationen auf ihrer Internetseite. Diese sind jedoch nicht immer leicht zu finden. Das heisst, Du musst die Vereinsseiten durchsuchen. Gewisse Vereine haben **Formulare**, z.B. "Antrag für Probetraining", "Neuanmeldung eines Spielers", usw., welche Du ausgefüllt, in der Regel per E- Mail, an die Mail- Vereinsadresse senden musst. Andere Vereine haben auf ihrer Website Ansprechpersonen aufgeführt, welche Du kontaktieren kannst. Diese heissen in der Regel Juniorenobmann, Leiter Fussballschule, usw.

Als Alternative zur Kontaktaufnahme gemäss Informationen auf der Internetseite kannst Du mit Deinem Kind auch ein Training vor Ort ansehen und den Trainer ansprechen. In der Regel findest Du die Trainingszeiten und Plätze ebenfalls auf der Internetseite des Vereins aufgeführt. Wenn Du nicht weist, in welcher Juniorenkategorie sich Dein Kind vom Alter her befindet, kannst Du dies im Kapitel 4.3.1 "Alterskategorien" nachschauen.

Wenn Du Dich für letztere Variante entschieden hast, empfehle ich Dir, mit dem Ansprechen des Trainers zu warten, bis dieser das Training mit der Mannschaft beendet hat und die Kinder verabschiedet sind. In der Regel sind Trainer während des Trainings voll beschäftigt und oft gestresst, wenn sie während des Trainings unterbrochen werden, was die Gefahr eines negativen ersten Eindrucks für Dich und/oder den Trainer beinhalten kann.

Der Trainer kann Dir dann sicher alle notwendigen Informationen geben. Am besten schreibst Du Dir diese Angaben gleich auf oder vermerkst diese Informationen als Notiz auf Deinem Smartphone. Danach musst Du den vom Verein offiziell bestimmten Weg für die Anmeldung beschreiten, dies unabhängig davon, ob Du die notwendigen Informationen bereits hast oder nicht. Der Trainer kann Dein Kind kaum gleich in sein Team aufnehmen, da er in der Regel vom Verein her gar nicht die Kompetenz dazu hat.

Nachdem Du Dein Kind in einem Fussballverein angemeldet hast, gilt es, etwas Geduld zu haben. Über 99,99% aller Fussballvereine werden von ehrenamtlichen Leuten geführt, das heisst, diese Leute gehen einer Arbeit nach und erledigen solche Aufgaben in ihrer Freizeit. Das bedeutet, dass es in der Regel einige Zeit dauert, bis Du eine Nachricht vom Verein bekommst.

Wenn Du nach einer Woche noch keine Antwort erhalten hast, empfehle ich Dir, beim Verein nachzufragen, am besten telefonisch, ob sie Deine Unterlagen erhalten haben und falls Ja, bis wann Du mit einer Antwort rechnen kannst. Telefonisch auch deshalb, weil es immer wieder vorkommt, dass Mails im Spam-Ordner landen oder die Nachricht sonst irgendwo im Verein "untergegangen" ist. Das persönliche Gespräch verschafft hier am einfachsten Klarheit.

1.2.5. Ausrüstung / Material

Fürs Fussballspielen wird relativ wenig an **Ausrüstung** und **Material** benötigt. Dies ist sicher mit ein Grund, weshalb Fussball auf der ganzen Welt so populär

ist. In unseren Breitengraden sind Shirt, Hosen, Schienbeinschoner, Stut-
zen/Stulpen und Fussballschuhe die wesentlichen Bestandteile der Ausrüstung.
Beim Torwart/Torhüter kommen noch die Torwart-Handschuhe hinzu. Auch
ein guter Wind-/ Regenschutz (Jacke und allenfalls auch Hosen) sowie Thermounterwäsche bei kalten Temperaturen können nicht schaden, da Fussball
normalerweise draussen bei Wind und (jedem) Wetter gespielt wird. Auf die einzelnen Gegenstände gehe ich in den folgenden Kapiteln vertiefter ein.

Um die Startkosten für die Ausrüstung möglichst gering zu halten, lohnt es sich,
an Börsen, in Outlet Shops oder im Ausverkauf nach günstigeren Produkten zu
schauen und im Verwandten- und Bekanntenkreis nach günstigen Quellen zu
fragen. Es gibt auch Vereine, welche den Tausch von Occasionsmaterial organisieren, und die meisten Vereine haben einen Sportausrüster, bei welchem die
Mitglieder vergünstigt einkaufen können. Eine diesbezügliche Nachfrage beim
Verein lohnt sich auf jeden Fall. Man kann auf diese Weise einiges an Geld sparen, ohne dass bei der Qualität der Produkte Abstriche gemacht werden müssen.
Es kann vorkommen, dass der Verein von Euch verlangt, dass Dein Kind einen
eigenen Ball mit zum Training mitbringt. Welche Grösse dieser haben soll, fragst
Du am besten den Trainer. Wichtig ist, den Ball an drei bis vier Stellen mit was-
serfestem Filzstift mit Vor- und Nachnamen Deines Kindes anzuschreiben, etwa
jeden Monat zu überprüfen, ob die Beschriftung noch klar lesbar ist und diese bei
Bedarf zu erneuern.

1.2.5.1. Schuhe

Qualitativ gute und optimal passende **Fussballschuhe** sind aus Gesundheits-
und Sicherheitsgründen sehr wichtig. Nachfolgend siehst Du, worauf es an-
kommt und wie Du bei der Auswahl am besten vorgehen kannst.

Zunächst eine kurze Übersicht über die gängigsten Fussballschuhtypen, die sich
in folgende drei Hauptkategorien einteilen lassen:

Nockenschuhe	Stollenschuhe	Hallenschuhe
Nockenschuhe verfügen über fixe Kunststoffstollen an der Schuhsole. Sie sind die erste Wahl bei Fussballschuhen, weil sie für alle Unterlagen im Freien geeignet sind. Es gibt eine sehr grosse Auswahl auf dem Markt.	Stollenschuhe haben in der Regel 6 Stück Einschraubstollen an der Schuhsole eingeschraubt. Dieser Schuh eignet sich nur für nasse, tiefe Böden. Auf vielen Rasenplätzen und auf allen Kunstrasen- und Hartplätzen sind sie dagegen sogar verboten.	Hallenfussballschuhe werden, wie es der Name sagt, in der Halle verwendet. Im Juniorenbereich wird in der Regel während der Wintermonate in der Halle trainiert und gespielt. Wichtig bei Hallenschuhen ist, dass diese eine flache, nicht färbende Sohle haben.

Auf dem Markt gibt es eine breite Palette verschiedenster Schuhe diverser Hersteller. Neben den klassischen Schuhen aus echtem Leder oder aus Kunstleder gibt es eine grosse Auswahl an Schuhen aus synthetischen Materialien. Diese sind in der Regel etwas leichter und wasserabweisender als die Lederschuhe, dafür etwas weniger robust. Für das Ballgefühl und den Tragkomfort sind sie in etwa gleichwertig. Daher kannst Du den Materialaspekt bei der Auswahl der Schuhe vernachlässigen.

Wenn Du folgende Punkte beachtest, bist Du bei der Auswahl auf der sicheren Seite:

1. Für die Auswahl der richtigen Schuhe genügend Zeit einplanen.
2. Vorerst nur Nockenschuhe kaufen, welche primär für Naturrasen geeignet sind. → Diese kann Dein Kind problemlos auch auf Kunstrasen tragen. Finden Trainings und Spiele mehrheitlich auf Kunstrasen statt, kann es sich allenfalls lohnen, in einem nächsten Schritt zusätzlich Nockenschuhe zu kaufen, welche speziell für Kunstrasen geeignet sind.
3. Die Schuhe müssen gut an die Füsse passen. → Deshalb: Schuhe an beiden Füssen testen und Dein Kind lieber 50 als 5 Meter damit laufen lassen.
4. Bei den Schuhen keine Kompromisse machen. Kaufe keine Schuhe, wenn Du nicht wirklich von diesen überzeugt bist.
5. Nicht auf Markennamen achten. → Der Schuh und nicht die Marke muss zum Fuss Deines Kindes passen, und es gibt zum Teil von ein und derselben Marke ziemlich unterschiedliche Modelle (z.B., was die Breite der Schuhe angeht).
6. Auf gute Verarbeitungsqualität des ganzen Schuhs achten (falls Nähte vorhanden sind speziell auch auf die Qualität der Nähte).
7. Die Schuhe nicht zu früh kaufen, und immer zumindest mit der grundsätzlich empfohlenen Reserve in der Länge. → Kinderfüsse wachsen nicht kontinuierlich, sondern in Wachstumsschüben.
8. Auf den Winter hin Hallenfussballschuhe kaufen. → Diese kann Dein Kind auch in den Turnstunden der Schule tragen.
9. Dein Kind die neuen Schuhe eintragen lassen. Das ist sehr wichtig! Bevor Dein Kind ein Wettspiel mit neuen Schuhen bestreitet, sollte es diese während mindestens 2 Trainingseinheiten eingetragen haben.

1.2.5.2. Schienbeinschoner

Wie ich bereits bei den Schuhen erwähnte, sind die **Schienbeinschoner**, auch **Schienbeinschützer** genannt, neben den Fussballschuhen die wichtigsten Ausrüstungsgegenstände, da sie ebenfalls für die Sicherheit relevant sind. Sicherheit spielt beim Fussball und speziell beim Kinderfussball eine grosse Rolle. Aus diesem Grund sind Schienbeinschoner für sämtliche Meisterschafts- und Turnierspiele vorgeschrieben.

Die Schienbeinschoner schützen je nach Modell nicht nur das Schienbein Deines Kindes, sondern auch den Knöchel. Dadurch wird ein umfassenderer, aber kein absoluter Schutz geboten, ohne dass die Beweglichkeit beeinträchtigt wird.

Bei der Auswahl der Schoner/Schienbeinschützer sind vor allem die richtige Grösse und die Passform wichtig. Grundsätzlich sollte ein Schoner eine möglichst grosse Fläche eines Schienbeins abdecken und somit schützen. Betreffend richtige Grösse gibt es die unterschiedlichsten Ansichten. Ich empfehle Schoner, die oben bis 2 Finger breit unterhalb der Kniescheibe reichen und die einen Knöchelschutz haben. Deckt ein Schoner weniger als eine Handbreit unterhalb des Knies ab, ist er meiner Meinung nach zu klein. Mehr dazu erfährst Du unserer Website www.fussballfuchs.com. Design und Marke der Schienbeinschoner sind andrerseits vernachlässigbar, da sie ja unter den Stutzen/Stulpen getragen werden. Achte viel mehr auf die Robustheit und die Verarbeitungsqualität der Schoner, und darauf, dass sie möglichst einfach zu reinigen sind. Für die Reinigung der Schoner unbedingt die Anleitung des Herstellers befolgen. Ansonsten können die Schoner beschädigt werden.

Auch die Schienbeinschoner müssen immer wieder an die wachsende Grösse des Kindes angepasst werden. Am besten überprüfst Du die Grösse und Passform der Schoner immer, bevor Du neue Schuhe kaufst. So kannst Du bei Bedarf die neuen Schoner gleich mit den neuen Schuhen kaufen.

In vielen Vereinen und Mannschaften ist das Tragen von Schienbeinschonern im Training nicht vorgeschrieben. Trotzdem empfehle ich Dir, darauf zu bestehen, dass Dein Kind die Schienbeinschoner auch im Training trägt. Erstens aus versicherungstechnischen Gründen, und zweitens, weil Dein Kind dadurch im Wettkampfspiel den entscheidenden Vorteil hat, das Fussballspielen mit Schienbeinschonern gewohnt zu sein. Dies nach dem Motto: *„Wie man trainiert, so spielt man.“*

1.2.5.3. Dress / Kleider

Ein Fussballdress besteht grundsätzlich aus drei Teilen: **Shirt**, **Hose** und Stutzen/Stulpen. Für Meisterschafts- und Turnierspiele tragen die Spieler ein Vereinsdress. Fürs Training braucht jedes Kind eine eigene Ausrüstung.

Grundsätzlich kann man in jedem Kurzarmshirt und irgendeiner kurzen Hose Fussballspielen. Es braucht dazu keine teuren Markenartikel vom Lieblingsverein, auch wenn Kinder und Marketingverantwortliche der grossen Profivereine dies in der Regel anders sehen. Da leider auf vielen Fussballplätzen und in Vereinsinfrastrukturen, wie Kabinen/Garderoben, usw. oft gestohlen wird, haben "No name-Produkte" den Vorteil, dass diese für Diebe viel weniger interessant sind als teure bekannte Markenartikel. Tipp: kaufe nichts für die Trainingsausrüstung, wovon es auf dem Markt Fälschungen gibt. Dann bist Du auf der sicheren Seite.

Wenn Du beim Kauf von Shirt und Hose folgende Punkte beachtest, fährst Du sicher gut.

Shirt und Hose sollten:

- ☐ nicht zu klein sein, sondern sie dürfen ruhig etwas zu gross sein. → Kind kann "hineinwachsen".

- ☐ aus Materialien bestehen, welche Dein Kind gut verträgt.

- ☐ gut waschbar sein → Farben, auf denen Gras- und sonstige Flecken weniger gut zu sehen sind, eignen sich besser, es sei denn, es wird immer auf Kunstrasen trainiert. Das gilt besonders für die Hose und die Stutzen/Stulpen.

- ☐ ein gutes Preis-Leistungsverhältnis aufweisen.

Da Fussball bekanntlich draussen bei Wind und (jedem) Wetter gespielt wird, wirst Du früher oder später nicht darum herum kommen, für Dein Kind einen **Trainingsanzug** mit Langarmjacke und langen Hosen sowie einen **Regenschutz**, mit Jacke und Hose zu beschaffen.

Wenn Du dabei die zuvor erwähnten Punkte für den Kauf von Shirt und Hose beachtest, kann eigentlich nichts schief gehen. Bezüglich Regenschutz ist anzumerken, dass die meisten Jacken der klassischen Fussballausrüster (Hersteller/Marken) nur wasserabweisend und nicht wasserdicht sind. Das heisst entsprechend, dass entweder zwei Jacken benötigt werden, eine lediglich als Windjacke für kaltes trockenes Wetter und eine zweite für feuchtes regnerisches Wetter, oder man hat eine einzige Jacke, welche wasserdicht ist. Wasserdichte Jacken sollten aber gleichzeitig eine genügende Atmungsaktivität aufweisen, dass Feuchtigkeit entweichen kann und das Kind nicht von innen her schweissnass wird. Solche Jacken sind dann meist im Trekkingbereich zu finden.

Je nach Aussentemperatur und Kälteempfindlichkeit kann Dein Kind unter Trainingsanzug, Shirt und Hose auch noch **Thermounterwäsche** anziehen. Wenn Dein Kind so ausgerüstet zum Training erscheint, kann es während des Trainings gemäss seinem Wärmeempfinden Kleidungsschichten frei Ausziehen und Anziehen (sog. Zwiebelschalen-Prinzip).

Stutzen/Stulpen gibt es in zwei Ausführungen, als Socken und als Stulpen (mit oder heute zumeist ohne elastisches Fussband). Qualitativ sind alle gleichwertig. Die einen mögen lieber Socken, die andern lieber Stulpen. Der Vorteil bei den Socken- Stutzen/Stulpen ist sicher, dass Du Deinem Kind keine anderen Socken anziehen musst. Reine Stulpen gehen aber genauso gut und sind eher praktischer. Das Anziehen der Socken ist oft mühsamer, sind sie doch, wenn man sie über die Schoner anziehen muss, häufig etwas eng.

Das Wichtigste bei der Auswahl der Stutzen/Stulpen ist, dass sie gross genug sind, dass sie die Schienbeinschoner gut abdecken und nirgendwo einschneiden oder drücken. Dein Kind sollte sie auch selbständig bequem an- und ausziehen können. Ist dies nicht der Fall, sind sie vermutlich zu klein.

1.2.6. Einteilung / Wartelisten

Die **Einteilung** in die entsprechende Juniorenkategorie erfolgt auf Grund des Alters Deines Kindes. Siehe dazu die Tabelle im Kapitel 4.3.1 "Alterskategorien". Wenn es im Fussballverein Deiner Wahl nur ein Team in dieser Altersklasse gibt, ist es klar, wo Dein Kind spielen wird. Hat der Verein aber mehrere Mannschaften in dieser Alterskategorie, so wird der Verein versuchen, Dein Kind in das Team zu integrieren, in welchem es von seinem aktuellen Leistungsvermögen her am besten hinein passt. Dabei sind die Einschätzungen der Trainer und der Eltern nicht immer deckungsgleich. Hier rate ich Dir, die ganze Sache locker anzugehen und die Einteilung des Vereins einfach mal zu akzeptieren. Denn wenn Dein Kind begabt ist, wird es rasch Fortschritte machen und früher oder später ohnehin entdeckt und entsprechend gefördert werden. Mannschaftswechsel innerhalb des Vereins in eine stärkere Mannschaft werden dann oft auch während der Saison vorgenommen. Du und Dein Kind können somit nichts verlieren, auch wenn es aus Deiner Sicht zunächst in ein "zu schwaches" Team eingeteilt wurde. Zudem ist es für Dein Kind immer besser, wenn es von einem schwächeren Team in ein stärkeres Team "aufsteigen" kann, als wenn es den umgekehrten Weg gehen muss.

Aber auch der umgekehrte Weg ist kein Weltuntergang. Da die Entwicklung der Kinder oft nicht linear, sondern in Schüben erfolgt, ist es sehr wahrscheinlich, dass Dein Kind auch einmal von einem stärkeren Team in ein schwächeres Team eingeteilt wird. Dies geschieht von Seiten der Trainer nicht, weil diese etwas gegen Dein Kind haben, sondern weil sie überzeugt sind, dass Dein Kind in diesem Team mehr profitieren kann. Natürlich wird Dein Kind sehr wahrscheinlich darüber enttäuscht sein, und Du eventuell auch, was sehr verständlich ist. Zur emotionalen Unterstützung Deines Kindes lohnt es sich aber, wenn Ihr als Eltern Eurem Kind aufzeigt, dass Ihr es deswegen nicht weniger liebt und was die Chancen dabei sind.

Dein Kind kann nämlich in einem schwächeren Team lernen, mehr Verantwortung zu übernehmen und so zu einem **Führungsspieler** heranreifen, was oft auch zu merklich besserem Selbstvertrauen führt. Nimmst Du und Dein Kind eine solche Gelegenheit als positive Entwicklungschance wahr, wird Dein Kind später auch in andern Lebenssituationen davon profitieren können.

Wartelisten sind im Fussball leider nicht unüblich. Die Vereine können pro Mannschaft nur eine definierte maximale Anzahl an Spielern aufnehmen. Übersteigt die Nachfrage diese Anzahl, so werden die Kinder in der Regel auf eine Warteliste aufgenommen. Aus Mangel an Trainern und/oder wegen fehlender Infrastruktur (Anzahl Trainingsplätze usw.) können die Vereine oft nicht einfach eine weitere Mannschaft eröffnen.

Wenn es im Verein Deiner Wahl Wartelisten gibt, frage doch einfach nach den Gründen dafür und danach, was es denn bräuchte, um diese Situation zu verbessern. Eventuell kannst Du selbst etwas zur Verbesserung beitragen wie z.B. einen Job als Trainer oder Hilfstrainer übernehmen usw. Sollte es trotz all Deiner Bemühungen dazu kommen, dass Dein Kind auf eine Warteliste gesetzt wird, empfehle ich Dir, weiterhin mit dem Verein in Kontakt zu bleiben.
Erkundigen Sie sich ca. alle 2 Monate, wie der aktuelle Stand der Dinge ist.

Sollte Dein Kind nach einer gewissen Zeit nicht mehr daran interessiert sein, in diesem Verein Fussball zu spielen (Platz in einem anderen Verein gefunden, usw.), dann melde dies doch bitte umgehend dem Juniorenobmann.

2. Der Start

Du hast Deinen Verein gefunden, Dein Kind wurde in eine Mannschaft eingeteilt und Du hast Dein Kind mit der notwendigen Ausrüstung ausgestattet. Nun geht es los.

2.1. Administrativ

Der Verein benötigt von Dir nun neben dem Geburtsdatum alle Standard-Personalien wie Vorname und Name des Kindes und der Eltern (der Erziehungsberechtigten), die Wohnadresse, Telefon-/Handy- Nummer und eine aktuelle E-Mail- Adresse.

Im Gegenzug solltest Du die Handy-Nummer und die E-Mail-Adresse des zuständigen Trainers Deines Kindes bekommen. So sollte die Kommunikation von Beginn weg funktionieren.

Ab einem gewissen Alter, in der Regel ab dem E-Juniorenalter, wird der Verein Dir Formulare für die Beantragung eines **Spielerpasses** abgeben, damit Dein Kind am ordentlichen Spielbetrieb teilnehmen kann. Die Formulare müssen vollständig und wahrheitsgetreu ausgefüllt und dem Trainer zurückgegeben werden. Solltest Du etwas nicht verstehen, frage den Trainer am besten nach dem nächsten Training und fülle die Formulare fertig aus. Verliere dabei möglichst keine Zeit, denn ohne gültigen Spielerpass darf der Verein Dein Kind nicht in einem Spiel einsetzen. Denke auch daran, dass der Verein die Anmeldung beim Fussball-Verband zur Bearbeitung einreichen muss und dies einige Zeit in Anspruch nimmt.

Je nach Verein kann es vorkommen, dass Du gewisse, in der Regel einmalige, "Anmeldegebühren" für die Beantragung des Spielerpasses selber bezahlen musst.

2.2. Praktisch auf dem Platz

Nun kann Dein Kind auf dem Fussballplatz mit seinen Mannschaftskameraden mitspielen. Wie bereits beschrieben sind je nach Wetter neben der Standardausrüstung (Shirt, Hose, Schienbeinschoner, Stutzen/Stulpen und Fussballschuhe) auch Kälte- und /oder Regenschutz von Vorteil.

So ausgerüstet, oder bei schönem heissem Wetter grosszügig mit Sonnencreme eingerieben, ist Dein Kind bereit fürs Fussballspiel. An heissen Tagen sollte Dein Kind fürs Training oder ein Spiel/Turnier genügend zum Trinken dabeihaben, am besten zuckerfreien Tee oder Wasser (0,5 Liter- Flasche oder mehr).

Von Trainingsbeginn bis zum Trainingsende sowie bei der Spielvorbereitung, dem Spiel und bis zur Verabschiedung der Spieler nach einem Spiel/Turnier ist es die Aufgabe des Trainers, nach bestem Wissen und Gewissen gut für seine Spieler zu sorgen Das heisst, Ihr als Eltern könnt Euer Kind "gesorgt geben".

Ja, es gibt Situationen, in welchen Kinder durch den oder die Trainer "unterversorgt" sind.

Besonders bei sehr jungen und noch unerfahrenen Trainern kommt dies schon mal vor. Die machen das aber nicht absichtlich oder böswillig.

In solchen Momenten könnt Ihr als Eltern einen bedeutenden Beitrag leisten, indem Ihr das Gespräch sucht und konkrete Lösungen anbietet. In dem Ihr z.B. fraget, ob Ihr mehr Getränke organisieren sollt, damit die Kinder hydratisiert bleiben, oder ob Ihr zusätzlichen Schutz vor Kälte, Regen oder Sonne auftreiben sollt.

Als Trainer habe ich mich auch schon darüber gefreut, dass ein Vater bei sehr heissem und sonnigem Wetter Sonnenschirme für das Team organisiert und aufgestellt hat.

Indem Du Dich aktiv einbringst und mit den Trainern kommunizierst, kannst Du gemeinsam mit diesen sicherstellen, dass möglichst alle Kinder die bestmögliche Betreuung erhalten. Denn letztendlich liegt es im gemeinsamen Interesse, dass für das Wohl und die Sicherheit unserer jungen Sportlerinnen und Sportler gesorgt ist.

Es ist sicher gut für Dein Kind, wenn Du nach Möglichkeit, zumindest am Anfang seiner "Fussballkarriere", beim Training und den Spielen zuschaust, vor allem, wenn Dein Kind noch kleiner ist. Dabei hältst Du Dich am besten ruhig und in einiger Entfernung des Geschehens auf. Damit gibst Du Deinem Kind die notwendige Sicherheit durch Deine Anwesenheit und vermeidest gleichzeitig, dass Dein Kind durch Dich abgelenkt wird.

2.2.1. Der Trainingsbetrieb

Das **Training** ist die Vorbereitung für die Spiele. Dies gilt unabhängig davon, ob es sich dabei um die Nationalmannschaft an einer Weltmeisterschaft oder die G-Junioren des Fussballvereins in "Hinternebenwil" handelt.

Selbstverständlich sind die **Trainingsinhalte** einer Nationalmannschaft nicht identisch mit denjenigen einer G-Juniorenmannschaft, das Ziel des Trainings ist aber dasselbe: Gut vorbereitet zu sein auf das nächste Spiel.
Generell lässt sich sagen, dass bei jüngeren Kindern mehr einzeln und in kleinen Gruppen, auf spielerische Art und Weise und hauptsächlich mit dem Ball Technik trainiert wird. Je älter die Kinder werden, umso mehr kommen konditionelle und taktische Elemente hinzu, sodass sich ein A-Juniorentraining inhaltlich nicht mehr gross von demjenigen der Nationalmannschaft unterscheidet.

Die nachfolgende Tabelle gibt Dir einen groben Überblick darüber, was aus meiner Sicht und Erfahrung in welcher Juniorenkategorie schwergewichtig ausgebildet werden sollte.

Wie gesagt handelt es sich dabei um meine Sicht, und man kann durchaus anderer Ansicht sein. Meine Auflistung ist lediglich dazu gedacht, dass Du die Trainingsinhalte, welche Dein Kind im Verein übt, besser verstehen kannst und Du keine falschen Erwartungen diesbezüglich hast oder entwickelst. Denn ein Taktiktraining bereits bei den G-Junioren ist wirklich definitiv fehl am Platz.

Jun.-Kat.	Ausbildungsschwerpunkte	Trainingsschwerpunkte
G	Spielerisches Erlernen von Fussballgrundtechniken. Polysportive spielerische Elemente.	Spielfreude steht im Vordergrund. Kleine Teams mit vielen Ballkontakten. Resultate sind Nebensache.
F	Erlernen der Fussballgrundtechniken. Laufschulung und Beweglichkeit.	Viel Spielen, kleine Teams, 3-5m breite Tore. Keine festen Positionen. Gewinnen und Verlieren lernen.
E	Erlernen und festigen der Fussballgrundtechniken. Spiel-Position einnehmen und halten.	Spielfreude und Mut zum Angriff. Spiel-Positionen finden. Kompakt stehen. Kontrollierter Spielaufbau.

D	Festigen der Fussballgrundtechniken. Offensiv- und Defensiv- Position korrekt einnehmen.	Gewinnen wollen, verlieren können. Kombinationsspiel erlernen. Matchresultate werden berücksichtigt für ev. Auf- oder Abstieg in eine andere Leistungskategorie.
C	Beherrschen der Fussballgrundtechniken. Erlernen der Grundtaktiken im 11er-Fussball (=Mannschaft mit 11 Spielern). Mental guter Umgang mit Beginn der Pubertät.	Spielfreude und Teamgeist. Teamorganisation (4:4:2 / 4:3:3). Kollektives Spiel- und Zweikampfverhalten.
B	Gekonntes Anwenden der Fussballgrundtechniken. Anwenden der Fussballerischen Grundtaktiken. Mentale Stärke entwickeln.	Spezielle Torhüter und Stürmertrainings. Spielformen mit taktischen Aufgaben. Frusttoleranz weiter entwickeln.
A	Automatisiertes Anwenden der Fussballgrundtechniken. Fähigkeit, mit taktischen Varianten zu spielen. Mentale Stärke fertig entwickeln.	Spielaufbau von hinten nach vorne. Zusammenspiel offensiv- defensiv. Durchhaltewillen trainieren.

Die Diplomtrainer in Deutschland, Österreich und der Schweiz werden so ausgebildet, dass sie in der Lage sind, ein altersgerechtes Training durchzuführen. In der Regel werden im Juniorenalter im Breitenfussball ein bis zwei, maximal drei Trainings pro Woche durchgeführt. Im Spitzenfussball/Leistungsfussball sind drei und mehr Trainings pro Woche die Regel.

Während der Vor- und der Rückrunde (Begriffserklärung siehe unter 2.2.2. "Der Spielbetrieb") finden die Trainings draussen auf dem Platz statt. In der Zwischensaison (Herbst-Wintermonate) wird in der Regel in der Halle trainiert. Viele Mannschaften trainieren dann nur einmal pro Woche.

Die meisten Trainer geben Dir vor Beginn der Vor- und der Rückrunde einen Plan ab, wann und wo die Trainings und die Spiele/Turniere stattfinden. Falls nicht, fragst Du am besten den Trainer danach.

Je nach Verein und Trainer werden auch Trainingslager organisiert und angeboten. Diese sind für den Trainer und das Team eine gute Gelegenheit, um innerhalb kurzer Zeit viel zusammen zu arbeiten. **Trainingslager** eignen sich sehr gut für die gezielte **Vorbereitung** auf eine Vor- oder Rückrunde. Da das ganze Team 24 Stunden zusammenlebt, sind Trainingslager auch gut für den Teamzusammenhalt. Trainingslager eignen sich etwa ab dem D-Juniorenalter. Bei jüngeren Junioren ist der Betreuungsaufwand extrem viel höher und der **Heimweh-Faktor** viel grösser.

Als Alternativen zu einem Trainingslager sind bei einigen Vereinen auch sogenannte **Trainingswochen** hoch im Kurs, welche in der Regel von Vereinen selbst organisiert und durchgeführt werden. Im Gegensatz zu einem Trainingslager gehen die Spieler abends nach Hause und kommen am nächsten Morgen wieder zum Trainingsort. Die Vorteile davon sind neben geringeren Kosten, dass diese Trainingsform bereits mit den kleinsten Junioren durchgeführt werden kann. Bei Interesse frage am besten einfach den Trainer Deines Kindes, wie dies vom Verein her gehandhabt wird.

2.2.2. Der Spielbetrieb

Das Spiel ist für einen Fussballer das höchste der Gefühle, auch wenn das mit den Gefühlen nach einer Niederlage etwas anders aussehen kann. In den meisten Juniorenkategorien finden Meisterschaftsspiele, Turniere und Cup/Pokal-Spiele statt. Wie das genau für Dein Kind aussieht, erfährst Du bei Deinem Juniorentrainer.

Der **Spielbetrieb** findet im **Fussballjahr** in der Regel als Vor- und Rückrunde statt. Die **Vorrunde** beginnt mit dem Saisonstart nach den Sommerferien und endet in den meisten Juniorenkategorien Ende Oktober. Die **Rückrunde** beginnt an den meisten Orten im März und endet mit dem Saisonende vor den Sommerferien.

Grundsätzlich geht es im Spielbetrieb darum, dass sich die Junioren in einem fairen Wettkampf mit gleichaltrigen, möglichst ähnlich starken Gegnern nach klaren Regeln messen können. Deshalb werden die Mannschaften neben den Altersklassen auch noch in "**Stärkeklassen/Leistungsklassen**" eingeteilt. Dies mit dem edlen Ziel, für jede Mannschaft eine Unter- bzw. Überforderung zu vermeiden und eine optimale Entwicklung der Spieler und der Mannschaften zu ermöglichen. Dein Kind und dessen Mannschaft sind gut eingeteilt, wenn sich Siege und Niederlagen in etwa die Waage halten. Nur klar gewinnen und nur hoch verlieren lässt darauf schliessen, dass es sinnvoll ist, wenn dieses Team in der nächsten Periode in einer andern Stärkeklasse/Leistungsklasse spielt.

Mit dem nebenstehenden QR-Code gelangst Du direkt zur Anleitung, wie Du zum aktuellen **Spielplan** von Deinem Kind kommen kannst.

Fussball ein Denk-, Lauf-, Kampf-, Team- Spiel, mit dem **Ziel**: Das Spiel zu gewinnen! Dazu muss eine Mannschaft bekannter Weise mindestens ein Tor mehr erzielen als der Gegner.

Freunde der sogenannten **"Fairplay-Liga"** im **Kinderfussball** werden jetzt natürlich sofort einwenden: „Falsch! Erlebnis statt Ergebnis". Ich sehe dies dezidiert etwas anders. Aus meiner Sicht ist das Ergebnis automatisch ein Teil des Erlebnisses. Auch die Bezeichnung "Fairplay-Liga" finde ich problematisch. Denn ich bin der Meinung, dass diese Bezeichnung die "normalen Ligen" implizit als unfair darstellen kann und es ohnehin keine anderen als "Fairplay-Ligen" geben sollte. Denn Fairplay gehört seit Anbeginn grundsätzlich zum Fussball, und überall dort, wo kein korrektes "Fairplay" gelebt wird, erfolgen sofort Sanktionen durch Schiedsrichter, Verbände und z.T. gar durch Gerichte, dies sowohl gegenüber Spielern und Funktionären wie auch gegenüber Zuschauern und Vereinen.

Selbstverständlich bin auch ich der Meinung, dass im Kinderfussball, d.h. bei G- bis D-Junioren, alle Kinder ausgewogen und angemessen zu gleich viel Spieleinsätzen kommen sollen und nicht nur "die Besten" eingesetzt werden sollten, während die andern draussen die ganze Zeit nur auf der Bank sitzen "dürfen". Unter ausgewogen und angemessen verstehe ich der **Einsatzreife** und dem **Leistungsvermögen** des Kindes angepasste Einsatzzeiten. Nicht alle Kinder haben dieselbe Ausdauer im Spiel. Da wäre es ja unfair, Kinder mit zu viel Einsatzzeit zu überfordern, während andere, welche noch fit sind, draussen sitzen müssen.

Des Weiteren bin ich auch klar dagegen, dass der natürliche Siegeswille der Kinder künstlich unterdrückt wird. Denn ich sehe den Sport allgemein als gute Lebensschule, und wenn Kinder schön früh lernen, mit Anstand zu gewinnen und mit Würde zu verlieren, haben sie viel Wertvolles für ihr ganzes Leben gelernt.

Im Juniorenfussball, C- bis A-Junioren, bin ich der Meinung, dass betreffend der Einsatzzeiten zusätzliche Faktoren wie die Folgenden mitberücksichtigt werden:

- Trainingsbesuch (Wer nicht trainiert, spielt grundsätzlich nicht)
- Trainingseinsatz
- Formstand des Spielers
- Disziplin, sowie Anstand und Respekt

Dies liegt aber stets im Ermessen des jeweiligen Trainers. So ist es sicher gut für Dich zu wissen, wie er dies handhabt, damit keine Missverständnisse und Unstimmigkeiten entstehen.

In einem Team kann es auch zu Situationen und Vorkommnissen kommen, von denen Ihr als Eltern nichts direkt mitbekommt. So kann es durchaus sinnvoll sein, dass ein Kind, aus erzieherischen Gründen (z.B. unkollegiales Verhalten) in einem Spiel oder an einem Turnier zu weniger Einsatzzeit kommt.

Ich hatte einmal in einer F-Junioren Mannschaft zwei **Mädchen** im Team. Diese lieferten sich an einem Turnier eine handfeste **Schlägerei**, was sogar die Jungs ziemlich überraschte. Als erzieherische Massnahme durften beide an diesem Turnier nicht mehr spielen und sie "durften" während der restlichen Zeit lernen, ihren Konflikt auf anständige Art und Weise zu lösen.

Diese beiden Mädchen wurden nie zu besten Freundinnen, aber sie lernten, sich mit Anstand und Respekt zu begegnen, was sowohl ihnen wie auch dem ganzen Team half.

2.2.3. Die Zwischensaison (Hallenturniere)

Als **Zwischensaison** wird in der Regel die Periode zwischen der Vor- und der Rückrunde, die Zeit von Anfang November bis Ende Februar, bezeichnet. In dieser Zeit finden im Juniorenbereich oft Hallenturniere statt. Diese Turnierspiele haben eigene Regeln und stellen eine beliebte Abwechslung zum Trainingsalltag in der Halle dar.

Einige Trainer nutzen die Gelegenheit, sich an Turniere in Gegenden anzumelden, in denen man sich im normalen Meisterschaftsbetrieb nicht bewegt. Dadurch spielt man auch gegen Teams, gegen die man sonst nie spielen würde. Dies führt zu mehr Abwechslung und einer willkommenen Horizonterweiterung, andrerseits jedoch meistens zu weiteren Anreisewegen.

2.3. Praktisch neben dem Platz

Auch neben dem Platz ist der Trainer während des Trainings oder Matches von der Begrüssung bis zur Verabschiedung zuständig und sorgt für seine Spieler. Selbstverständlich darfst Du Dein Kind begleiten und aus einiger Entfernung zusehen. Erkundige Dich, wann und wo Ihr Euch als Eltern aufhalten dürft/sollet. So gibt es z.B. in einigen Fussballverbänden die Vorschrift, dass sich beim Umziehen der Kinder keine Eltern und Trainer in den Kabinen/Garderoben aufhalten dürfen, speziell nicht während des Duschens. Gerade bei den Jüngsten Junioren, G-Junioren (U7, vgl. Tabelle im Kapitel 4.3.1 "Alterskategorien") kann dies zu Problemen beim richtigen Anziehen führen. Frage den Trainer, wie er dies in seiner Mannschaft konkret handhaben will.

Spätestens ab Junioren D- (U13-) Alter wird meistens verlangt, dass die Junioren nach einem Training oder Spiel duschen und frische Kleider anziehen. Bei jüngeren Kindern wird in den meisten Vereinen und von den meisten Trainern akzeptiert, dass Ihr als Eltern Euer Kind "ungeduscht" mit nach Hause nehmt. Die

Möglichkeit zum Duschen vor Ort wird jedoch in der Regel durch jeden Verein für alle Mannschaften angeboten.

Die Trainer und Vereine sind auf Unterstützung durch Eltern angewiesen. Speziell den **Fahrdienst** an Auswärtsspiele können sie nicht ohne Hilfe der Eltern bewerkstelligen. Am besten fragst Du, an welchen Tagen ein Fahrdienst benötigt wird. Dadurch kannst Du die für Dich passenden Termine selber auswählen.
In der Regel sind die Trainer und Vereine Dir sehr dankbar für Deine Unterstützung auch neben dem Platz. Diese kann von der Übernahme kleiner Hilfeleistungen bis hin zur Übernahme einer Vereinsfunktion alles beinhalten.

Wichtig dabei ist, dass Du Deine Hilfsbereitschaft klar kundtust. Am besten fragst Du, in welchen Bereichen der Trainer und/oder der Verein Deine Hilfe am besten gebrauchen kann.

Einige Vereine haben diesbezügliche Informationen auch auf ihrer Vereinswebsite aufgelistet, sodass Du Dich dort einfach informieren und meist gleich die richtige Ansprechperson finden kannst.

Mit diesem Vorgehen kannst Du danach selber entscheiden, welche Hilfe Du wo und wann konkret anbieten willst/kannst. Regle Deine "Mitarbeit" mit dem Trainer/Verein klar und unmissverständlich. So schaffst Du die optimalen Voraussetzungen für ein gutes Gelingen.

Der Fussball- Alltag

Nach zwei bis drei Wochen mit Trainings- und Spielbetrieb hast Du Dich in der Regel an den neuen Alltag mit dem Fussballspiel Deines Kindes gewöhnt. Das Fussballspielen Deines Kindes gehört jetzt zum normalen Alltag. Wie in allen andern Bereichen des Lebens verläuft auch der "Fussballalltag" nicht immer glatt und reibungslos. Das ist ganz normal und bei allen so.

3.1. Krisen und Leistungsschwankungen

In diesem Kapitel betrachten wir Krisen und Leistungsschwankungen bei fussballspielenden Kindern. Diese haben stets einen oder mehrere Gründe/Ursachen.

Wichtig in diesem Zusammenhang ist zunächst die Definition von Krankheit und Krise, um die Begriffe nicht miteinander zu verwechseln. Unter einer **Krankheit** ist eine Störung der normalen Funktion eines Organs, der Psyche oder des gesamten Organismus zu verstehen, welche von Ärzten diagnostiziert und in vielen Fällen mit Medikamenten behandelt wird [1]. Dagegen ist eine **Krise** eine zeitlich begrenzte Einschränkung im Leben, die jeden Lebensbereich betreffen kann [2]. So spricht man z.B. von Beziehungskrisen, finanziellen Krisen, Sinnkrisen, usw. Krisen sind ganz normal und gehören bei jedem Menschen zum Leben dazu. Krisen bieten die Chance, Bestehendes zu hinterfragen und Neues zu entdecken. Oftmals erkennt man ihren Wert erst im Nachhinein. "Krisen sind Chancen", sagt der Volksmund, und zu einem gewissen Teil stimmt dies auch. Oft erforschen Menschen in Krisensituationen ihre Lebensgrundlagen, was die Chance beinhaltet, zu wachsen und zu reifen.

Zweitens gilt es klar zu definieren, welche Art von **Leistungsschwankungen** ich hier meine. Denn es gibt bei uns allen Leistungsschwankungen im Alltag. Einige sind z.B. am Morgen leistungsfähiger, andere zu andern Tageszeiten. Diese Art von Leistungsschwankungen sind hier nicht gemeint. Ich unterscheide in diesem Zusammenhang zwischen einer "Normalleistungsphase", einer "Hochleistungsphase" und einer "Tiefleistungsphase".

Wie es der Begriff schon sagt, verstehe ich unter einer **Normalleistungsphase** den Normalzustand. Die Leistungen sind mal besser und mal schwächer, je nach Lust und Laune, Tagesform, bei den Kindern kommen oft auch Müdigkeit, Hunger, usw. dazu. In dieser Phase befindet sich Dein Kind so um 90 oder mehr Prozent seines Lebens. Insgesamt ist alles im grünen Bereich.

Unter einer **Hochleistungsphase** verstehe ich das, was wir uns alle für unser gesamtes Leben als Dauerzustand wünschen. Alles läuft super, wie von alleine, ohne Probleme. Befindet sich Dein Kind in einer solchen Hochleistungsphase, geniesse diese zusammen mit Deinem Kind und freue Dich einfach darüber.

Unter einer **Tiefleistungsphase** verstehe ich eine zeitlich begrenzte Leistungsschwäche, welche über den normalen Schwankungsbereich hinausgeht. Wobei die Abgrenzung zur Normalleistungsphase nicht ganz einfach ist und ein Urteil darüber nicht vorschnell getroffen werden sollte.
Befindet sich Dein Kind Deiner Meinung nach in einer solchen Tiefleistungsphase, so gilt es als erstes sicher Ruhe zu bewahren und das Kind nicht direkt damit zu konfrontieren.

Für jede Leistungsphase gibt es Gründe. Während diese für die Normalleistungs- und die Hochleistungs-Phase nicht unbedingt gesucht werden müssen, lohnt es sich, bei einer Tiefleistungsphase danach zu forschen. Es gibt zum einen ganz offensichtliche und nicht schlimme Gründe, zum andern gibt es aber auch Gründe, welche genauer betrachtet werden sollten. Auf vier erfahrungsgemäss wichtige Gründe gehe ich nachfolgend kurz ein. Daneben gibt es eine grosse Anzahl weiterer klar erkennbarer Gründe, welche das Leistungsvermögen Deines Kindes für eine gewisse Zeit negativ beeinflussen können.

1. Über- oder Unterforderung
Anhaltende Über- oder Unterforderung kann über eine Tiefleistungsphase zu einer veritablen Krise führen. Kinder und Jugendliche können eine solche Situation normalerweise noch nicht verbalisieren. Anzeichen für eine **Überforderung** bei Kindern sind oftmals aggressives, destruktives Verhalten, oder das Gegenteil, nämlich Rückzugverhalten, das Kind wendet sich ab, ist desinteressiert, usw.

Auch **Unterforderung** ist ein Problem. Da finden sich einerseits dieselben Anzeichen wie bei einer Überforderung. Daneben sind bei Unterforderung meistens zusätzlich auch Anzeichen von Arroganz, Überheblichkeit und Dominanz gegenüber Mitspielern, Eltern und Trainern zu erkennen.

In diesem Zusammenhang spreche ich immer von folgenden drei Räumen:
1. Guter/optimale Herausforderung: =Lern- Raum. Hier stimmen die Anforderungen mit dem Leistungsvermögen des Kindes grösstenteils überein. In diesem Raum findet eine optimale Entwicklung statt. Freude und Zufriedenheit sind erkennbar. Es sind keine Massnahmen notwendig.
2. Überforderung: =Stressraum. In diesem Raum ist keine Entwicklung möglich. Gereiztheit und Ausweichverhalten sind erkennbar.
3. Unterforderung: =Komfortzone bzw. Wohlfühlraum, wobei sich mit der Zeit der Wohlfühlraum wie bei Überforderung in einen Stressraum ver-

wandelt. Auch in diesem Raum ist keine Entwicklung möglich. Degeneration und Ausweichverhalten sind erkennbar.

Lösungsansätze bei Über-/ Unterforderung:

1. Beobachte Dein Kind bei mindestens zwei, maximal drei Trainings/Spiele, notiert, wenn möglich jeder Elternteil für sich, welche Anzeichen Ihr wahrnehmt, und tauscht Euch darüber aus, bis Ihr Euch einig seid. Je nach Alter und Fähigkeit des Kindes, sich selber einzuschätzen und seine Probleme/Gefühle zu verbalisieren, ist es zudem sehr wichtig, auch mit dem Kind zu sprechen und seine Äusserungen mit einzubeziehen.

2. Vereinbart danach mit dem Trainer Eures Kindes diesbezüglich einen Gesprächstermin ohne Anwesenheit Eures Kindes. Fragt ihn, ob und was ihm in letzter Zeit an Euerem Kind aufgefallen ist und teilt ihm danach mit, was Euch aufgefallen ist.

3. Einigt Euch mit dem Trainer wenn möglich auf eine "Diagnose" (Überforderung/Unterforderung) und legt möglichst gemeinsam unter der Führung des Trainers das weitere Vorgehen fest.

4. Einige mögliche Massnahmen bei Überforderung:
   a. Während den Trainings einfachere Übungen machen lassen.
   b. Mehr Pausen für Euer Kind einräumen. → Kürzere Einsätze bei den Spielen und längere Pausen im Training.
   c. Einfachere, weniger verantwortungsvolle Spielposition zuteilen (z.B., wenn die Mannschaft sehr viele Tore kassiert, das Kind vorübergehend nicht mehr als Torhüter spielen lassen).
   d. Erfolgsmomente ermöglichen. Z.B. im Training die Anforderung soweit herabsetzen, dass die Anforderung mit "vernünftigem Aufwand" erfüllt werden kann; dann das Kind diesbezüglich auch loben.

5. Einige mögliche Massnahmen bei Unterforderung:
   a. Während den Trainings schwierigere Übungen machen lassen.
   b. Übungen vorzeigen lassen und das Kind als "Hilfscoach" einsetzen zur Unterstützung von schwächeren Spielern, dadurch lernt Euer Kind auch positives soziales Verhalten zum Vorteil der ganzen Mannschaft.
   c. Verantwortungsvollere Spielposition zuteilen (Das kann z.B. die Position des Torhüters sein, usw.)
   d. Mit der Aufgabe des Captain-/Spielführer-Amtes beauftragen.

6. War Eure Beurteilung richtig, so führen die getroffenen Massnahmen in der Regel sehr rasch, innerhalb von maximal zwei Trainings, zu positiven Resultaten.

7. Eine spezielle Situation liegt dann vor, wenn Ihr und der Trainer nicht derselben Meinung wart betreffend der "Diagnose". Der Trainer z.B. ging von einer Überforderung aus und Ihr von einer Unterforderung, oder umgekehrt. Ihr habt nun unter der Führung des Trainers Massnahmen gegen Überforderung angewendet und der Zustand Eures Kindes hat sich nicht verbessert, eventuell gar noch verschlechtert. Dann ist es an der Zeit, die gegenteiligen Massnahmen auszuprobieren. Führt dies innerhalb von max. vier Trainings zu positiven Resultaten, ist das Problem gelöst.

8. Hat alles nichts geholfen und der Zustand Eures Kindes wurde nicht besser, so liegt das Problem für das Verhalten des Kindes wohl anderswo, sei es im zwischenmenschlichen Bereich oder ev. gar nicht im Fussball. Versucht den Grund für das Problem zu eruieren und holt Euch gegebenenfalls professionelle Unterstützung für die Problemlösung.

2. Wachstumsschub

Beim **Wachstumsschub** vor der Pubertät ist ein deutlicher Anstieg des Wachstums in einer relativen kurzen Zeitspanne zu verzeichnen. In dieser Zeit kann es sein, dass Dein Kind deutlich schlechter Fussball spielt als zuvor. Da hilft nur eines: Geduld haben und weiter trainieren. Mit der Zeit gewöhnt sich das Gehirn Deines Kindes an die neuen Körperverhältnisse und kann den Körper wieder so steuern wie zuvor. Am besten kannst Du Dein Kind in einer solchen Phase mit der Haltung und den Aussagen "Das geht vorbei und kommt schon wieder gut" unterstützen.

Vermutest Du eine **Wachstumsstörung**, konsultierst Du am besten den Kinderarzt. Ein Anzeichen dafür kann sein, wenn Dein Kind über wiederkehrende Schmerzen klagt. Eine typische Erkrankung in diesem Alter, die v.a. bei Kindern, welche Stop and Go-Sportarten wie Fussball betreiben, sehr häufig auftritt und zu Knieschmerzen führt, ist der sog. Morbus Osgood-Schlatter (=entzündliche Veränderung der Sehnenansätze im Bereiche des Knies).

3. Neue Schuhe (Ausrüstung)

Neue Ausrüstungsgegenstände, speziell neue Schuhe, können das Leistungsvermögen Deines Kindes beim Fussballspielen stärker beeinträchtigen als Du vielleicht denkst. Ich hatte einmal einen Spieler, der hatte sehr breite Füsse. Deshalb musste er immer Fussballschuhe tragen, welche in der Länge zu gross waren. Nach jedem Schuhwechsel brauchte er rund zwei Wochen Zeit, bis er sich daran gewöhnt hatte und er wieder normal spielen konnte. Ist ein solcher Grund bekannt, besteht kein Anlass zur Besorgnis, und Du unterstützt Dein Kind am besten wie unter "Wachstumsschub" beschreiben.

4. Liebeskummer

Liebeskummer? Haben Jungs nicht. Sowas gibt es nur bei Mädchen. In etwa so tönt es unisono von männlichen Teenagern. Hier hilft direktes Ansprechen des Themas in der Regel sehr wenig und wirkt sich eher kontraproduktiv aus. Mädchen sind für dieses Thema eher offener. Wie Du mit Deinem Kind in einer solchen Situation am besten umgehst, muss von Fall zu Fall individuell herausgefunden werden. Womit Du ganz sicher nichts falsch machst ist, wenn Du Dein Kind ernst nimmst, Verständnis für seine Situation hast, ihm Wertschätzung entgegenbringst und ihm Zeit lässt.

Wie gesagt, geht es hier um Leistungsschwankungen. Dauert eine Tiefleistungsphase ohne für Dich erklärliche Gründe länger als maximal zwei bis drei Wochen, so spreche ich von einer Krise.

Krisen bei Kindern können auch Auslöser von Krisen bei den Eltern sein und umgekehrt. Dieses Thema würde jedoch den Rahmen dieses Leitfadens sprengen. Über Krisen und wie man sie bewältigen kann/soll gibt es ganze Bücherregale voll Literatur. Mein Tipp diesbezüglich: Hole Dir lieber einmal zu früh als zu spät externe, professionelle Hilfe. Alles weitere würde den Rahmen dieser Publikation sprengen und wäre nicht mehr seriös.

3.2. Oft gemachte Fehler und wie man sie vermeiden kann

Wo Menschen zusammen sind, gibt es Probleme und es werden **Fehler** gemacht. Das ist überall so und auch ganz normal. Nun könnte man hier ganze Bücher über dieses Thema schreiben, was aber nicht sehr zielführend wäre.

Deshalb empfehle ich allen für sämtliche **Problemlösungen** (Fehlervermeidung) die Anwendung der "Goldenen Regel". Ich versuche selber auch danach zu leben, was mir leider nicht immer gelingt. Die Regel lautet:

"Gehe mit allen anderen Menschen so um, wie Du möchtest, dass diese mit Dir umgehen." [3]

Wenn Du dies tust, hast Du die optimalen Voraussetzungen für ein gutes und gelingendes Miteinander geschaffen. Wenn Du Probleme/Missstände auf eine konstruktive Art offen und ehrlich ansprichst und dabei gleich Deine Lösungsvorschläge unterbreitest, zeigst Du, dass Du lösungs- und nicht problemorientiert bist. Du hast dabei erst noch mehr Einfluss darauf, welche Lösungen gewählt werden. Wichtig dabei ist **Geduld**, denn Geduld ist einer der wichtigsten Erfolgsfaktoren für die Entwicklung. Glaube nicht an die Lüge, dass keine Zeit für die Entwicklung vorhanden sei. Eine Pflanze wächst auch nicht schneller, wenn man dauernd an ihr zieht.

Wenn Du feststellst, dass Du einen Fehler gemacht hast, dann ist folgendes Vorgehen zur Fehlerbehebung sicher und rasch zielführend, um wieder gut miteinander auszukommen: Fehler zugeben (keine Ausreden suchen), sich entschuldigen und sich bemühen, es in Zukunft besser zu machen. Dieses Vorgehen ist auch dann sinnvoll, wenn andere ihre Fehler nicht zugeben wollen/können. Letztendlich bist Du nur für Dein Verhalten verantwortlich und nicht für das der andern.

Wenn Du der Meinung bist, bei einer Angelegenheit handle es sich um mehr als um einen Fehler, so können Dir die Informationen aus Kapitel 4.6 "Rechtslage auf dem Fussballplatz" weiter helfen.

3.3. Die Pubertät, eine spezielle Zeit

In Wikipedia heisst es einleitend zu diesem Thema: "Unter **Pubertät** (von lat. *pubertas* „Geschlechtsreife") versteht man etwa seit dem 16. Jahrhundert den Teil der Adoleszenz, in welchem der entwicklungsphysiologische Verlauf der Geschlechtsreifung die Geschlechtsreife im Sinne von Fortpflanzungsfähigkeit, unter anderem durch funktionsfähige Fortpflanzungsorgane, erreicht wird und im weiteren Verlauf durch Wachstum und Körperformveränderungen auch zu einem ausgewachsenen Körper führt. Dieser Abschnitt des Lebens beginnt, wenn die Hirnanhangdrüse ein hormonelles Signal an den Körper sendet, in bestimmten Organen verstärkt Geschlechtshormone herzustellen und in das Blut auszuschütten. Bei Jungen ist es in erster Linie das Testosteron, bei Mädchen das Östrogen. Im Normalfall wird die Pubertät bei Mädchen zwischen dem 10. und 18. Lebensjahr und bei Jungen zwischen dem 12. und 21. Lebensjahr durchlaufen." [4]

Im Volksmund heisst es auch, die Kinder würden in der Pubertät ein zweites Mal zur Welt kommen. In einem gewissen Sinn stimmt dies auch. Denn in dieser Zeit verändert sich die äussere Erscheinung des jungen Menschen sehr stark. Da findet normalerweise ein grosser körperlicher Wachstumsschub statt, die Geschlechtsorgane entwickeln sich und nehmen dabei ihre Funktion auf, und bei den Jungs kommt es zum Stimmbruch.

Eine sehr grosse Herausforderung für den jungen Menschen und sein Umfeld stellt der bevorstehende Wechsel von der Oberstufe der "Grundschule" in die Berufswelt oder an eine weiterführende Schule dar.

In diesem Altersabschnitt bauen die jungen Menschen normalerweise ihre Beziehungskreise weiter aus. Die Beziehung zu den Eltern ist nur noch eine unter vielen und aus der Sicht des Teens nicht mehr die wichtigste. Ist es z.B. für die jüngeren Kinder wichtig, dass die Eltern als Zuschauer ans Fussballspiel mitkommen, so ist es jetzt in der Regel wichtig, dass die Eltern beim Spiel nicht sicht- und hörbar sind, oder es wird gar mehr oder weniger lautstark kundgetan, dass Eltern beim Spiel als Zuschauer nicht erwünscht sind. Denn Eltern sind in diesem Entwicklungsstadium oft voll peinlich. Für Eltern sind Teens die reinsten Wundertüten, welche im einen Moment wie Erwachsene "funktionieren" und im nächsten Moment mimosenhaft und kindlich daherkommen wie Kleinkinder. So sind denn Äusserungen wie diejenige, dass die Eltern beim Fussballspiel nicht mehr als Zuschauer erwünscht sind, eventuell damit verbunden, dass der Teenager, wenn man dann doch diskret dem Spiel zugeschaut hat, nach dem Match zuhause die Frage stellt: „Papa, hast Du gesehen, wie ich das und das gemacht habe?"

Teens befinden sich in einem wichtigen und auch für sie selbst nicht ganz einfachen Ablösungsprozess. Im Bereich des Aussehens/Image ist es wichtig, als Eltern hier ein gewisses Verständnis für die pubertierenden Jugendlichen aufzubringen. Sie suchen ihren eigenen Stil und sie wollen sich deutlich von den Eltern abgrenzen. Auch Provokation gehört dazu. Am besten ist es, sich nicht provozieren zu lassen und die Jugendlichen in einem vernünftigen Rahmen ihre Experimente machen zu lassen, obwohl dies oft leichter gesagt als getan ist.

Wie man heute aus der Forschung weiss, wird in der Pubertät das Gehirn des jungen Menschen "neu verkabelt" und die Hormone "spielen verrückt". Damit haben aber nicht nur Eltern Probleme, sondern auch die Teenager selbst. Sie kennen sich manchmal selber nicht mehr und müssen mit ihren eigenen, z.T. starken emotionalen Schwankungen zurechtkommen.

In der Selbstwahrnehmung und der Selbsterkenntnis kommen vielfach Zweifel darüber auf, was der junge Mensch bisher von sich wahrnahm und wie er sich selbst sah. Die Teenager zweifeln oftmals an ihrem Selbstwert und suchen nach Wertschätzung. Bekommen sie diese nicht von ihren Eltern, unabhängig von ihrem Verhalten, so versuchen sie diese bei andern zu bekommen. Darin besteht ein grosses Gefahrenpotential. Am meisten helfen Eltern ihren Teens dadurch, dass sie sich selbst treu bleiben (weder sich beim Teenager anbiedern noch sich von ihm abwenden) und sich nicht provozieren lassen. Denn oft seid Ihr als Eltern die einzige Konstante in ihrem Leben, an der sie festhalten können, auch wenn sie sich verbal gegen Euch auflehnen.

Da sich in dieser Lebensphase alles im Umbruch befindet, scheinen manchmal auch die Grundpersönlichkeit, die Grundinteressen, die Typeneigenschaften und die Persönlichkeitseigenschaften nicht mehr dieselben zu sein. Was den jungen Menschen viele Jahre lang interessierte, bedeutet ihm nichts mehr oder wird weniger wichtig und andere, und zum Teil auch neue Interessen gewinnen an Bedeutung.

Was heisst das nun für den Fussball?

Auch das Fussballspiel kann plötzlich wichtiger oder weniger wichtig werden, oder es können wie zuvor beschrieben Krisen auftreten, die es zu bewältigen gilt.

Wenn in der Zeit der Pubertät der Teenager mit dem Fussballspiel aufhören will, ist es wichtig herauszufinden, was der Grund dafür ist. Vor allem gilt es herauszufinden, ob der Grund dafür vorübergehend oder dauerhaft ist und ob der Wunsch aufzuhören mit dem Fussball zusammenhängt oder unabhängig davon ist.

Weshalb ist das denn wichtig? Es gibt Jugendliche, die eigentlich sehr Fussball-begeistert sind und die Fussballspielen als guten sportlichen Ausgleich favorisieren würden, aber in der aktuellen Lebensphase gibt es Stressfaktoren, die dies überschatten wie z.B. folgende: Die Schule ist strenger, der Jugendliche ist gut im Fussball und wird gefördert, hat aber entsprechend viele Trainings und Spiele und deshalb kaum noch Zeit für sich. Oder die Kollegen der Fussballmannschaft gehören nicht zur Peergroup und/oder in der Peergroup ist Fussball nicht angesagt. Auf der andern Seite kann es sein, dass sich tatsächlich die Interessen und Schwerpunkte des Jugendlichen längerfristig geändert haben, sei es, dass z.B. ein anderes Hobby oder Engagement priorisiert wird, oder er beginnt eine Ausbildung in einem Bereich, der gleichzeitiges Fussballspielen sehr erschwert.

Je nach Grund gilt es dann nach einer entsprechenden Lösung zu suchen und den Jugendlichen entweder in der Krisensituation zu stärken und zu ermutigen, den Fussball als Ausgleich weiterzuführen oder ihn im neuen Schwerpunkt zu unterstützen.

Gut zu wissen

In diesem Kapitel versuche ich, die für Dich wichtigsten Grundlagen über Junioren-Fussball leicht verständlich und gut strukturiert zusammenzufassen, so dass Du bei Bedarf die notwendigen Informationen rasch zur Hand hast. Ich bin mir bewusst, dass dies kein leichtes Unterfangen ist.

Ich beginne mit den Fussballvereinen, mit welchen Ihr als Eltern als erstes in Kontakt kommt und mit denen Du am meisten zu tun haben wirst.

Fussball wird in Deutschland, Österreich und der Schweiz hauptsächlich in den Fussballvereinen gespielt. Daneben gibt es vereinzelt auch Angebote im Bereiche des Schulsports.

Fussball wird im Jahresverlauf als sogenannte Saison gespielt. Dabei gibt es eine Vorrunde vom Sommer bis Ende Jahr und eine Rückrunde von Anfang Jahr bis zu den Sommerferien.

Im Bereich der Infrastrukturen sowie der Trainer-, Aus- und Fortbildung sind wir im weltweiten Vergleich in Deutschland, Österreich und der Schweiz im Breiten- wie im Spitzen- Fussball bei den Besten Nationen mit dabei.

4.1.   Wie funktionieren Fussballvereine?

Den **Fussballverein** gibt es nicht. Jeder Verein hat eine eigene Geschichte und Kultur. Die überwiegende Mehrheit der Fussballvereine wird von ehrenamtlichen Freiwilligen geleitet, welche viel Freizeit, Herzblut und Geld in den Verein investieren. Dies gilt es sich immer vor Augen zu halten, wenn Du mit einer dieser Personen aus dem Fussballverein zu tun hast. Denn ohne den Einsatz dieser Freiwilligen könnte Dein Kind nicht Fussballspielen.

Betreffend Organisation von Fussballvereinen lässt sich grundsätzlich feststellen, dass praktisch alle Vereine 3-stufig aufgebaut sind.

Die erste Stufe bildet dabei der Vereinsvorstand. Die zweite Stufe bilden die Funktionäre und die dritte Stufe die Mitglieder. In den folgenden Unterkapiteln gehe ich auf die für Dich wichtigsten Aspekte jeder Stufe kurz ein.

Das Vereinsleben wird immer durch die jeweilige **Vereinskultur** bestimmt. Die wirkliche Vereinskultur stimmt dabei leider nicht immer mit den diesbezüglich publizierten Selbstaussagen des Vereins überein. Etwas vom wichtigsten ist es deshalb zu erkennen und zu verstehen, welche Vereinskultur tatsächlich gelebt wird. Lass Dich nicht von den schönen Aussagen in Leitbildern, oder wie diese Dokumente auch sonst noch genannt werden, täuschen. Solche schönen Aussagen können alle Vereine einfach aus dem Internet herunterladen, und sie sagen mehr darüber aus, wie sich der Verein selber sehen möchte als darüber, wie er wirklich ist.

Des Weiteren gibt es bei praktisch allen Fussballvereinen mehr oder weniger traditionelle **Vereinsanlässe**. Das können ein Turnier, ein Sponsorenlauf, usw. sein. In den meisten Fällen sind die Vereine froh darüber, wenn Du an einem oder mehreren solcher Anlässe mithilfst.

In allen drei Ländern ist die **Mitgliederversammlung**, auch Hauptversammlung, Jahresversammlung, Vereinsversammlung, usw., genannt, das oberste Vereinsorgan. In Deutschland gemäss § 32 BGB, in Österreich gemäss dem Vereinsgesetz 2002 § 5. und in der Schweiz gemäss ZGB Art. 64 Abs. 1.

4.1.1. Der Vorstand

Der **Vereinsvorstand**, oft einfach Vorstand genannt, besteht meistens aus 3 bis 9 Mitgliedern und wird durch die Mitgliederversammlung periodisch gemäss Vorgaben der Statuten gewählt. Allgemein lässt sich sagen, dass der Vereinsvorstand den Verein leitet. Er trägt die Verantwortung für die Befolgung der Statuten und die korrekte Umsetzung der Beschlüsse der Mitgliederversammlung. Er verwaltet die Finanzen und erledigt die damit zusammenhängenden Geschäfte sowie die dringenden Vereinsangelegenheiten. Er vertritt den Verein, in der Regel durch den Vereinspräsidenten, nach aussen hin.

4.1.2. Die Funktionäre

Die **Vereinsfunktionäre**, oft einfach Funktionäre genannt, sind diejenigen Personen, welche den Vereinszweck mit den Mitgliedern zusammen unter der Führung des Vorstandes praktisch umsetzen.
Dazu gehören die Schiedsrichter, der Materialwart, der Platzwart, der Juniorenobmann, die Trainer, usw., je nach Verein.
Die meisten Funktionärs-Bezeichnungen sagen dabei auch gleich aus, was diese Leute im Verein tun. Für Dich und Dein Kind ist neben dem Trainer (siehe nächstes Unterkapitel) der Juniorenobmann von zentraler Bedeutung.

Der **Juniorenobmann** ist der Vorgesetzte der Juniorentrainer und in vielen Vereinen auch Mitglied des Vorstandes. Im Normalfall ist er für Dich die erste Ansprechperson, wenn es darum geht, ab wann für Dein Kind der Einstieg mit dem Fussballspielen in einer Mannschaft möglich ist. Er kann Dir sagen, in welcher Mannschaft Dein Kind eingeteilt wird, usw. Er weiss Bescheid über die Saisonplanung (Jahresplanung) des Vereins und der einzelnen Juniorenmannschaften. Er kennt die Kadergrössen (=Mannschaftsgrössen) und hat das Management der Spielerpässe unter Kontrolle. Er ist auch Deine Ansprechperson, wenn es zwischen Dir und dem Trainer Deines Kindes Probleme gibt.

4.1.3. Die Trainer

Die **Trainer** sind die Personen, mit denen Du und Dein Kind am meisten zu tun haben werden. Ein Mannschaftstrainer hat grob umrissen folgende Aufgaben:

- Seine Spieler altersgerecht in den Bereichen Technik, Einzeltaktik und Kondition auszubilden.
- Seine Mannschaft altersgerecht mannschaftstaktisch zu schulen.
- Alle Spieler seiner Mannschaft gleichwertig (nicht gleichmacherisch) zu fördern.
- Vorbildfunktion auf und neben dem Platz wahrzunehmen.
- Vorbereitung und Nachbearbeitung von Trainings und Spielen.
- Disziplin und Ordnung aufrechterhalten.
- Sich aus- und fortzubilden, um den Kindern zu helfen, ihre eigenen Stärken zu stärken und ihre Schwächen zu schwächen.
- Mit seiner Mannschaft aktiv am Vereinsleben teilzunehmen.

Diese Aufgabenliste liesse sich noch beliebig lange weiterführen und verfeinern. Das ist ganz schön viel, wenn man bedenkt, dass praktisch alle Trainer ehrenamtlich tätig sind und für ihren Aufwand in der Regel lediglich eine sehr geringe Entschädigung erhalten. Diese Leute sind keine Profis, weder als Fussballlehrer noch als Pädagogen. Sie opfern viel von ihrer Freizeit und geben ihr Bestes zum Wohle Deines Kindes. Dabei hat jeder Trainer seine eigenen Vorlieben in Sachen Trainingsgestaltung und Mannschaftsleben. Kein Trainer ist wie der andere und Dein Kind kann von jedem "normalen" Trainer etwas profitieren.

So kannst Du den Trainer Deines Kindes und Dein Kind optimal unterstützen:
- Abmachungen einhalten.
- Dein Kind darin unterstützen, pünktlich zu sein und Anweisungen zu befolgen.
- Den Trainer rechtzeitig über Verhinderungen/ Abwesenheiten informieren.
- Den Trainer mit seiner Mannschaft in Ruhe arbeiten lassen, seine Entscheidungen (Spielpositionen, usw.) akzeptieren, Dich während des Trainings/Spiels ruhig in der Zuschauerzone aufhalten.
- Dich an den Spielen auch gegenüber Gegnern und deren Eltern sowie gegenüber Schiedsrichtern korrekt und anständig verhalten.
- Mithilfe beim Training anbieten (z.B. Tore aufstellen und wegräumen)
- Mithilfe bei Heimspielen anbieten (z.B. Pausentee mitbringen, Tore aufstellen und wegräumen, usw.)
- Fahrdienst für Auswärtsspiele anbieten.

- Administrative Hilfe anbieten (z.B. administrative Arbeiten zu übernehmen ist sehr hilfreich, wenn der Trainer nicht gut deutsch kann, oder wenn er sonst irgendwo Entlastung gebrauchen kann).
- Wenn Du mit dem Trainer zufrieden bist, darfst Du ihm dies gerne mal sagen.
- Bestehe gegenüber Deinem Kind darauf, dass es eine angefangene Saison zu Ende spielt, wenn neben **Unlust/Bequemlichkeit** kein anderer Grund zum Aufhören vorliegt; da während der Saison je nach Stärkeklasse nicht einfach gleichwertige Spieler nachnominiert werden können, ist es gegenüber dem Team und dem Trainer nicht fair, so abrupt aufzuhören, wenn kein zwingender Grund besteht. Anders sieht es natürlich aus, wenn z.B. das Fussballspielen aus medizinischen/gesundheitlichen Gründen per sofort nicht mehr möglich ist.

Über das Verhältnis zwischen Kindern, Eltern, Schule und Trainer/Verein könnte man ganze Bücher schreiben, um das Thema einigermassen abschliessend zu behandeln. Aus meiner Sicht sind die beiden folgenden Punkte die Wichtigsten für ein gutes Miteinander.

1. Miteinander umgehen nach der "Goldenen Regel". Diese lautet:

"Gehe mit allen anderen Menschen so um, wie Du möchtest, dass diese mit Dir umgehen". Siehe auch unter 3.2."Oft gemachte Fehler und wie man sie vermeiden kann"

2. Sicherstellen der Kommunikation.

Vereinbare von Anfang an, wie miteinander kommuniziert wird und sorge dafür, dass der Kommunikationskanal funktioniert. (Mail, Messenger, Chat, usw.)

Dann hast Du die optimalen Voraussetzungen für ein gutes und gelingendes Miteinander geschaffen.

4.2. Was tun bei Problemen?

Um **Probleme lösen** zu können, und genau darum geht es in diesem Kapitel, muss man sich zuerst mal eingestehen, dass **man ein Problem hat**. Es kann gut sein, dass andere damit kein Problem haben, was jedoch für Dich in der entsprechenden Situation nicht relevant ist. Die gute Nachricht ist, dass Probleme grundsätzlich lösbar sind. Ein mögliches Problemlösungs-Vorgehen ist Folgendes:

1. Problementdeckung
Was genau ist eigentlich das Problem?
Weshalb ist es aus meiner Sicht nicht gut so, wie es ist?
Sehe das nur ich so, oder sehen es andere auch so?

2. Problemanalyse
Weshalb funktioniert es nicht so wie von mir gewünscht?
Welches sind die möglichen Ursachen für dieses Problem (bei mir; bei andern)?

3. Mögliche Lösungen suchen
Wie müsste es sein, was müsste geschehen, dass es für mich/uns kein Problem mehr wäre?

4. Umsetzen
Was kann ich dafür tun, dass es besser wird?
Bei was brauche ich Hilfe und wo finde ich diese?
Wie ist "die Problemlösung" am besten realisierbar?
Dabei ist zu bedenken, dass nur Probleme gelöst werden können, nicht aber Menschen, z.B. der Trainer verändert werden kann. Denn so, wie Du Deine Identität/Eigenschaften nicht einfach verändern kannst, können dies die andern auch nicht.

5. Erfolgskontrolle
Haben die Massnahmen zur Problemlösung den gewünschten Effekt erzielt? Falls Ja, dann ist das Problem gelöst, falls Nein, wieder bei Punkt 1. beginnen.

In der nachfolgenden Tabelle habe ich Dir einige typische Problemfelder, welche im Vereinsfussball häufig auftreten, und die entsprechenden Reaktionen der meisten Menschen darauf aufgelistet.

Hier wird eher zu schnell reagiert	Hier wird eher zu spät gehandelt
Trainer spricht und versteht nur schlecht Deutsch.	Pädophilie Verdacht (Sexuelle Belästigung).
Resultate "stimmen" nicht.	Mobbing-Verdacht.
Trainingsgestaltung "gefällt" mir nicht.	Schlechte Kommunikation Verein/Trainer zu Eltern.
Keine klaren Regeln des Trainers erkennbar/bekannt.	Trainer ist total chaotisch und unzuverlässig.

Insbesondere bei **Pädophilie**- und **Mobbing**-Verdacht empfehle ich Dir, Dich unbedingt bereits beim ersten Verdachtsmoment mit einer professionellen Beratungsstelle in Verbindung zu setzen und nicht zu warten oder zu versuchen, das Problem selber anzugehen. Hier ist professionelle Hilfe und Begleitung unverzichtbar! Es empfiehlt sich, im Internet nach einer Beratungsstelle in Deiner Nähe zu suchen oder bei der Gemeindeverwaltung/Landkreis/Kanton diesbezüglich nachzufragen. Bei allen Punkten, die den Trainer angehen, empfehle ich als ersten Schritt das klärende Gespräch mit dem Trainer direkt. Erst wenn sich die Situation nicht verbessert, wäre in einem nächsten Schritt das Gespräch mit dem Juniorenobmann zu suchen.

4.3. Junioren- und Juniorinnen- Fussball

Im Juniorenfussball wird grob zwischen zwei Kategorien unterschieden. Da ist zunächst der **Breitenfussball**, das betrifft die meisten Vereine und Spieler, daneben gibt es noch den **Leistungs-/Spitzenfussball**, das betrifft viel weniger Spieler. Wie es der Begriff bereits sagt, geht es beim Breitenfussball um alles, was nicht auf Elite- oder Profi-Fussball ausgerichtet ist. Der Breitenfussball ist für die Gesellschaft der wichtigste Teil des Fussballs. Er bildet auch die Basis für den Leistungs-/Spitzenfussball, denn ohne Breite gibt es keine Spitze.

Dies gilt auch für den **Juniorinnen**-Fussball. Im Gegensatz zum Männerfussball suchen Vereine für ihre Frauenteams oft mit grossem Aufwand nach Nachwuchsspielerinnen. Dies trifft speziell auf Damenmannschaften zu, welche in höheren Ligen spielen. Diese Suche erweist sich vielfach als schwierig, da der Nachwuchs in der Breite oftmals (noch) fehlt.

Beginnen die meisten Knaben zwischen 5- und 8-jährig mit Fussballspielen, ist es bei den Mädchen so, dass die meisten erst zwischen 8- bis 12-jährig beginnen. Ein Hauptgrund dafür ist, dass es für Mädchen im Alterssegment der 5- bis 8-jährigen in der Regel keine reinen Mädchenteams gibt. Oft bleibt den Mädchen deshalb nichts anderes übrig, als mit den Jungen in gemischten Mannschaften zu spielen, was viele Mädchen davon abhält, mit dem Fussballspielen zu beginnen.

Zum Glück erkennen immer mehr Verbände und Vereine dieses Problem, und es gibt immer mehr reine Mädchenteams für Meisterschafts-, bzw. Turnier- Gruppen, für 5- bis 8-jährige Mädchen. Solche Teams verzeichnen aktuell (Stand 2024) einen sehr hohen Zuwachs an neuen Spielerinnen.

4.3.1. Alterskategorien

Im Vereinsfussball werden die Kinder in Deutschland, Österreich und der Schweiz in **Alterskategorien**, sogenannte **Juniorenkategorien**/Klassen eingeteilt. In allen drei Ländern gilt aktuell (Stand 2024) dabei der 1. Januar als **Stichtag** für die Einteilung, auch wenn in allen drei Ländern eine **Saison** (das **Fussballjahr**) am 1. Juli beginnt und am 30. Juni des nächsten Jahres endet.

Folgende Grundeinteilung gilt in allen drei Ländern, wobei die Bezeichnung der jeweiligen Juniorenkategorie von Land zu Land, teilweise sogar von Bundesland/Kanton zu Bundesland/Kanton oder Regionalverband zu Regionalverband unterschiedlich sein kann. Grosse Unterschiede kann es bei den Spielformen (Anzahl Spieler, Spieldauer, usw.) und geringere Unterschiede bei den Spielfeldgrössen geben. Die für Deinen Verein gültigen Regeln und verwendeten Begriffe erfährst Du von Deinem jeweiligen Juniorentrainer.

Alter (bei Saisonstart) Ballgrössen/Gewicht	Juniorenkategorie Spielfeldgrössen	Spielformen
5 – 6 Jährig 3-4 *(bis 290g)*	Junioren G (U7) *ca. 15 x 25 Meter*	Spielturniere 3-4 Spieler/Team
7 – 8 Jährig 4 *(290g)*	Junioren F (U9) *ca. 25 x 35 Meter*	Spielturniere 5 gegen 5 Spieler
9 – 10 Jährig 4 *(350g)*	Junioren E (U11) *Zwischen 25/34 – 41/53m*	Match 7 gegen 7 Spieler 2x 25 Minuten
11 – 12 Jährig 4 oder 5	Junioren D (U13) *Zwischen 41/50 – 57/68m*	Match 9 gegen 9 Spieler 2x 30 Minuten
13 – 14 Jährig 5 *(410 bis 450g)*	Junioren C (U15) *Richtgrösse: 64 x 100m*	Match 11 gegen 11 Spieler 2x 35 Min.
15 – 16 Jährig 5 *(410 bis 450g)*	Junioren B (U17) *Richtgrösse: 64 x 100m*	Match 11 gegen 11 Spieler 2x 40 Min.
17 – 19 Jährig 5 *(410 bis 450g)*	Junioren A (U20) *Richtgrösse: 64 x 100m*	Match 11 gegen 11 Spieler 2x 45 Min.

Für die Einteilung spielt auch die Entwicklung Deines Kindes eine grosse Rolle. So kann z.B. ein Kind mit einer vom Verband erteilten Ausnahmebewilligung in der jüngeren Kategorie mitspielen. Solche Angelegenheiten sind mit dem Trainer und dem Verein vorgängig abzusprechen und die notwendigen Bewilligungen beim Verband einzuholen.

Für Mädchen, welche mit den Jungen zusammen in denselben Teams spielen, oder für reine Mädchenteams, gelten z.T. andere Altersbegrenzungen und Kategorienbezeichnungen. Auch hier kann Dir Dein Verein kompetent Auskunft erteilen.

Die jeweils aktuellen Angaben für Dein Land findest Du auf der Internetseite des jeweiligen Landesverbandes.

Deutschland (DFB)   Österreich (ÖFB)   Schweiz (SFV)

www.dfb.de   www.oefb.at   www.football.ch

4.3.2. Spielpositionen

Eine Fussballmannschaft besteht normalerweise aus der Verteidigung, dem Mittelfeld und dem Angriff/Sturm. Bei den kleinsten Junioren kann eine Mannschaft auch nur aus Verteidigung und

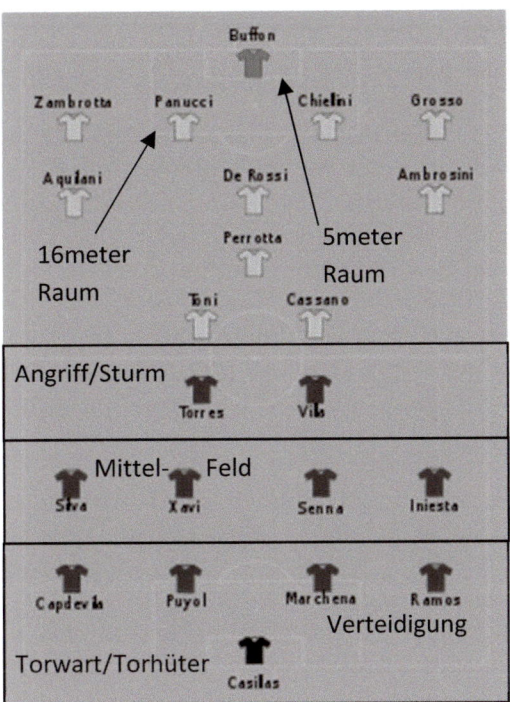

Sturm bestehen. Im 11er Fussball besteht die Verteidigung aus dem Torwart/Torhüter und weiteren 3 bis 5 Verteidigern. Ihre Aufgabe besteht hauptsächlich darin, gegnerische Tore zu verhindern und eigene Angriffe aufs gegnerische Tor auszulösen. Der Torwart/Torhüter nimmt dabei eine Sonderstellung ein. Er darf als einziger Spieler seiner Mannschaft im 16meter Raum den Ball in die Hände nehmen. Im 5meter Raum (Torwartraum) geniesst der Torwart/Torhüter einen besonderen Schutz und darf dort von den gegnerischen Spielern nicht angegangen werden. Er trägt auch als einziger ein andersfarbiges Trikot als der Rest seiner Mannschaft. Das Mittelfeld, bestehend aus 3 bis 5 Spielern, hat als Hauptaufgaben das Abfangen gegnerischer Angriffe im Mittelfeld und die Durchführung eigener Angriffe auf das gegnerische Tor.

Der Angriff/Sturm hat als Hauptaufgabe, die gegnerische Verteidigung unter Druck zu setzen und eigene Angriffe erfolgreich mit dem Erzielen von Toren abzuschliessen.

Im heutigen modernen Fussball beteiligt sich das ganze Team am Angriff und an den Verteidigungsaufgaben.

(Bild: Startaufstellung der Teams von Italien und Spanien im EM Viertelfinale 2008 in Österreich und der Schweiz. Spanien (dunkles Team) gewann mit 4:2 nach Elfmeter-/Penalty- Schiessen)

4.4. Die grossen Verbände

Der Fussball wird heute hauptsächlich durch den Weltfussballverband (FIFA) mit seinen 211 Landesverbänden, welche wiederum in den verschiedenen Kontinentalverbänden, den sogenannten Konföderationen, zusammengeschlossen sind, organisiert. Dazu gehören: Die AFC in Asien, die CAF in Afrika, die CONCACAF in Nord-, Mittelamerika und der Karibik, die CONMEBOL in Südamerika, die UEFA in Europa und die OFC in Ozeanien.

Eine spezielle Situation besteht bis heute für die Festlegung der Spielregeln. Da in England, Nordirland, Wales und Schottland bereits vor der Gründung der FIFA Fussball nach einheitlichen Regeln gespielt wurde, welche das *International Football Association Board (IFAB)* festlegte, kann die FIFA die Spielregeln nicht selber definieren. Um als Weltfussballverband bei der Definition der Spielregeln mitbestimmen zu können, wurde die FIFA 1913 das fünfte Mitglied des IFAB. Bis heute besteht das IFAB aus den vier britischen Fussballverbänden (England, Schottland, Wales und Nordirland) und der FIFA. Dennoch kann jeder nationale Fussballverband und jede Konföderation Änderungen der Fussball-Spielregeln über eines der IFAB-Mitglieder vorschlagen. Damit eine Regeländerung zustande kommt, braucht es an der jährlichen Generalversammlung dafür eine Dreiviertel-Mehrheit der anwesenden und stimmberechtigten Vertreter des IFAB. Dabei haben die britischen Verbände je eine Stimme und die FIFA hat vier Stimmen.

4.4.1. Die FIFA

Der **Weltfussballverband (FIFA)** wurde am 21. Mai 1904 in Paris im Hinterhaus des Sitzes der Union Française de Sports Athlétiques an der Rue Saint Honoré 229 gegründet, dies nach Einladung durch Robert Guérin zur Gründungsversammlung. Die Gründungsakte wurde von den Bevollmächtigten folgender Verbände unterzeichnet: Frankreich, Belgien, Dänemark, Niederlande, Spanien, Schweden und Schweiz. Kurz zuvor hatte auf dem Kontinent das erste offizielle Länderspiel stattgefunden, und zwar am 1. Mai 1904 in Brüssel (Belgien gegen Frankreich). Bei dieser Gelegenheit hatten sich die beiden Verbandssekretäre Muhlinghaus und Guérin über das weitere Vorgehen abgesprochen, denn es bestand allgemein die Absicht, die führende Rolle der Engländer, die bereits 1863 ihre Football Association (FA) gegründet hatten, anzuerkennen. So wandte sich Carl Anton Wilhelm Hirschmann, Sekretär des holländischen Fussballverbandes, an die Football Association. Der Sekretär nahm den Vorschlag zwar entgegen, aber bis sich der Vorstand der Football Association, der International F. A. Board und die Verbände von Schottland, Wales und Irland dazu äussern wollten, verstrich viel Zeit. Robert Guérin, Sekretär der Abteilung Fussball der Union Française des Sociétés de Sports Athlétiques und Journalist des "Le Matin", schrieb die Verbände des Kontinents an und bat sie, sich Gedanken über die

Gründung eines Dachverbands zu machen. Nach regem Briefwechsel folgten die ersten Gedankenaustausche. Bald einmal stand dann fest, dass die englische Football Association unter ihrem Präsidenten Lord Kinnaird sich an der Gründung eines internationalen Verbandes nicht beteiligen würde, sodass die Gründungsversammlung schliesslich ohne die FA stattfand.

Die Verdienste der Gründer sind gross. Der internationale Fussball wuchs im Verlaufe nach dem ersten Weltkrieg über die nächsten Jahrzehnte, und 1930 fand die erste WM statt. Der Sitz der FIFA befindet sich seit 1932 in Zürich. [5] Mehr zur FIFA findest Du unter: www.fifa.com

4.4.2. Die UEFA

Der **Europäische Fussballverband (UEFA)** wurde am 15. Juni 1954 in Basel gegründet, um die damals revolutionären Visionen der führenden Fussballadministratoren zu verwirklichen. Seither ist der europäische Fussballdachverband – einer von sechs Kontinentalverbänden des Weltverbandes FIFA – zum Eckpfeiler des europäischen Fussballs geworden. Die UEFA handelt im Auftrag der nationalen Fussballverbände und arbeitet mit ihnen sowie mit anderen Interessengruppen des Sports eng zusammen. Ziel ist es, den Fussball zu fördern und seine Stellung als beliebteste Sportart der Welt weiter zu stärken. Der Sitz der UEFA befindet sich in Nyon, Schweiz. [6] Mehr zur UEFA unter: www.uefa.com

4.4.3. Der DFB (Deutscher Fussball- Bund)

Der **Deutsche Fussball-Bund (DFB)** wurde am 28. Januar 1900 in der Leipziger Gaststätte "Mariengarten" gegründet, mit Prof. Dr. Ferdinand Hueppe als erstem Vorsitzenden. Der DFB ist als mitgliederstärkster deutscher Sportfachverband eine gesellschaftliche Institution und eines der grössten sozialen Netzwerke Deutschlands. Er besteht de facto aus 27 Mitgliedsverbänden, Aufbau und Struktur gleichen einer Pyramide. An deren Spitze steht die DFB-Zentralverwaltung in Frankfurt am Main, welcher als nächste Stufe die DFL e.V. sowie die fünf Regionalverbände Nord, West, Süd, Südwest und Nordost folgen. Die Regionalverbände setzen sich aus 21 Landesverbänden zusammen, die ihrerseits in Bezirke beziehungsweise Kreise gegliedert sind, denen wiederum die 24'301 Vereine mit ihren Mitgliedern 1'801'466 (Stand 2021) angeschlossen sind. [7] Mehr zum DFB unter: www.dfb.de

4.4.4. Der ÖFB (Österreichischer Fussball- Bund)

Der **Österreichische Fussball-Bund (ÖFB)** wurde am 18. März 1904 gegründet. Der Sitz des Verbandes befindet sich im Ernst Happel Stadion, Sektor A/F, Meiereistrasse 7, in 1020 Wien. Im Wikipedia heisst es zum ÖFB: "Anfang 2018 sind 567'811 Spieler und Spielerinnen in 2'217 Vereinen im Verband angemeldet.

Damit ist der Verband die drittgrösste Sportorganisation des Landes. Der Fussball ist vor dem Skisport die beliebteste Sportart in Österreich, allerdings erst nach dem Bergsport. Fussball besitzt einen grossen Stellenwert und hat in Österreich eine Tradition, die sich bis ins Jahr 1894 zurückverfolgen lässt. [8] Mehr zum Thema ÖFB findest Du unter: www.oefb.at

4.4.5. Der SFV (Schweizerischer Fussballverband)

Der **Schweizerische Fussballverband (SFV)** ist die Dachorganisation des schweizerischen nationalen Fussballs. Er wurde 1895 gegründet und gehörte 1904 zu den sieben Landesverbänden, welche den Weltfussballverband FIFA ins Leben riefen. Heute ist der SFV einer der bedeutendsten Sportverbände des Landes. Der SFV gliedert sich in drei Abteilungen und zählt 1'350 Vereine, 14'206 Teams sowie 332'528 lizenzierte Spielerinnen und Spieler aus 179 Nationen. Wobei der Frauenanteil 11,4% beträgt. (Stand 2024).

Der Sitz des Verbandes ist das Haus des Schweizer Fussballs in Muri bei Bern. [9] Mehr zum SVF findest Du unter: www.football.ch

4.5. Die wichtigsten Fussballregeln

Damit Du mit Deinem Nachwuchs nach einem Training oder einem Spiel mitreden kannst und nicht nur Fussballchinesisch verstehst, gebe ich Dir hier einen kurzen Überblick über die wichtigsten Regeln.

☐ **Fussball** wird mit den Füssen gespielt. Diese Aussage erscheint zwar logisch und trivial, ist aber trotzdem relevant, da im Gegensatz zum Fussball "American Football" ("Amerikanischer Fussball") praktisch nur mit den Händen gespielt wird. Verstehe das wer will.

☐ Aus Sicherheitsgründen dürfen Spieler während eines Spiels keinen Schmuck und keine Uhren tragen. Dies empfehle ich auch fürs Training. Das Tragen von Schienbeinschonern während eines Spiels ist Pflicht, und es empfiehlt sich, wie bereits zuvor ausgeführt (vgl. unter 1.2.5.2. Schienbeinschoner), diese auch im Training zu tragen. → So wie man trainiert so spielt man auch!

☐ Ein Spiel beginnt mit dem sogenannten **Anspiel/Anstoss**, nachdem der Schiedsrichter/Spielleiter das Spiel angepfiffen hat, und endet mit dem **Abpfiff** des Schiedsrichters/Spielleiters.

☐ Um ein gültiges **Tor** zu erzielen, muss der Ball mit dem ganzen Umfang über die Torlinie gespielt werden. Wer am Ende eines Spiels mehr Tore geschossen hat, gewinnt das Spiel.

☐ Nach jedem gültig erzieltem Tor wird das Spiel wieder im Mittelkreis durch die Mannschaft, welche das Tor erhalten hat, mittels Anspiel/Anstoss fortgesetzt.

☐ **Foulspiel**. Darunter versteht man eine Regelverletzung eines oder mehrerer Spieler gegenüber dem Gegner. Ein Foulspiel führt i.d.R. zu einem Spielunterbruch durch den Schiedsrichter/Spielleiter. Er kann aber auch nach eigenem Ermessen der Mannschaft, welche gefoult wurde, einen sog. **Vorteil** gewähren, wenn diese z. B. eine grosse Chance hat, aus der Aktion heraus ein Tor zu erzielen. Je nach Ort des Regelverstosses wird ein Foulspiel mit einem Freistoss oder Elfmeter/Penalty geahndet und je nach Schwere des Vergehens werden der oder die Spieler mit einer Ermahnung, einer gelben Karte (Verwarnung) oder einer roten Karte (Spielausschluss) bestraft. Zu den bekanntesten Fouls gehören:
  o Das **Handspiel/Hands**, ist ein "absichtliches" spielen, ablenken, blockieren, usw. des Balls mit der Hand, wobei unter Hand auch der gesamte Arm bis unterhalb der Schulter gemeint ist. Dieser Regelverstoss wird mit einem direkten Freistoss, bzw. einem Elfmeter geahndet. Je nach "Schwere" des Regelverstosses kann der Schiedsrichter den fehlbaren

Spieler zusätzlich mit einer gelben oder roten Karte bestrafen. Verhindert ein Feldspieler, oder der Torhüter ausserhalb seines 16meter Raums, eine klare Torchance des Gegners mit einem Handspiel, so muss er vom Schiedsrichter mit der roten Karte (Platzverweis) bestraft werden. Im Kinderfussball wird oftmals auf einen Platzverweis verzichtet, da Kinder meistens unabsichtlich reflexartig ein Handspiel machen.

☐ Die **Tätlichkeit**. Unter einer Tätlichkeit versteht man erstens ein übermässig hartes und oder gefährliches Attackieren des Gegners mit oder ohne Absicht, diesen zu verletzen. Zweitens gilt Gewaltanwendung vor, während und nach dem Spiel gegenüber Gegenspielern, Mitspielern, Schiedsrichtern oder anderen Personen und sogar gegen Sachen/Infrastruktur als Tätlichkeit. Eine Tätlichkeit ist durch den Schiedsrichter immer mit einer roten Karte zu bestrafen.

☐ **Einwurf** gibt es, wenn der Ball das Spielfeld in vollem Umfang über eine der beiden Seitenlinien (Längsseiten des Spielfeldes) verlassen hat. Dabei wirft ein Spieler der Mannschaft, welche den Ball nicht zuletzt berührt hat, den Ball an der Stelle, wo der Ball das Spielfeld verlassen hat, ins Spielfeld hinein. Dafür darf er keinen Fuss ganz vom Boden abheben und muss den Ball mit beiden Händen über den Kopf ins Spielfeld werfen. Wird bei einem Einwurf gegen die Regeln verstossen, so bekommt die gegnerische Mannschaft den Einwurf zugesprochen. Bei den kleineren Junioren (F bis D) lässt man in der Regel zuvor einen zweiten Versuch zum korrekten Erlernen des Einwurfs zu.

☐ **Freistoss** gibt es, wenn ein Foulspiel ausserhalb des 16meter Raums/Strafraum begangen wird. Dabei wird zwischen indirektem und direktem Freistoss unterschieden. Der Freistoss wird vom Ort des Vergehens ausgeführt. Der indirekte Freistoss wird vom Schiedsrichter durch vertikales Erheben eines Arms angezeigt. Beim direkten Freistoss darf direkt ein Tor erzielt werden. Beim indirekten Freistoss muss der Ball vor einem gültigen Tor von einem zweiten Spieler berührt werden. Um ein Tor zu verhindern, bildet die verteidigende Mannschaft bei einem Freistoss oftmals eine sogenannte **Mauer** (Freistossmauer). Diese muss beim 11er Fussball einen Abstand zum Ball von 9,15m einhalten. Für G- bis D-Junioren gelten andere Abstände. Seit 2019 ist es Vorschrift, dass Spieler der Freistoss ausführenden Mannschaft einen Mindestabstand zur Mauer von einem Meter einhalten müssen. Wird dieser nicht eingehalten, ist durch den Schiedsrichter auf indirekten Freistoss für die gegnerische Mannschaft zu entscheiden. Vorsicht: Die nachfolgend aufgeführten Regeln gelten nicht für alle Juniorenkategorien gleich. So werden z.B. bei vielen Regionalverbänden bei den kleineren Junioren Freistösse grundsätzlich nur indirekt gegeben. Frage diesbezüglich am besten bei Deinem Juniorentrainer nach, wie die Regelauslegung für die Mannschaft Deines Kindes genau aussieht, falls Du dies genau wissen möchtest.

Zum **indirekten Freistoss** kommt es, wenn ein Spieler aus Sicht des Schiedsrichters:

o gefährlich spielt.
o den Lauf des Gegners behindert.
o den Torhüter daran hindert, den Ball aus seinen Händen freizugeben.
o ein anderes Vergehen begeht, welches nicht mit einem direkten Freistoss/Penalty sanktioniert wird, um den fehlbaren Spieler zu verwarnen oder des Feldes zu verweisen.
o wenn der Torhüter den Ball mehr als sechs Sekunden festhält, wenn er ihn ausspielen könnte (= Spielverzögerung).
o der Torhüter den Ball, nachdem er ihn freigegeben hat, erneut in die Hand nimmt, bevor ein anderer Spieler ihn berührt hat.
o der Torhüter den Ball in die Hand nimmt, den ein Mitspieler ihm mit dem Fuss absichtlich zugespielt hat (**Rückpassregel**). Rückpässe mit Kopf und Brust sind erlaubt.
o der Torhüter den Ball in die Hand nimmt, nachdem er ihn direkt von einem Einwurf eines Mitspielers erhalten hat.

Zum **direkten Freistoss** kommt es, wenn ein Spieler:

o einen Gegner tritt, oder es versucht.
o ihm ein Bein stellt oder es versucht.
o einen Gegner anspringt oder es versucht.
o einen Gegner schlägt, oder es versucht.
o einen Gegner stösst, oder es versucht.
o Beim Tackling im Kampf um den Ball den Gegner vor dem Ball berührt.
o einen Gegner hält.
o einen Gegner anspuckt.
o den Ball absichtlich mit der Hand spielt.

☐ Zum **Strafstoss/Elfmeter/Penalty** kommt es, wenn ein verteidigender Spieler im eigenen 16meter Raum/Strafraum ein Foul begeht, welches ausserhalb des 16meter Raums mit einem direkten Freistoss sanktioniert würde. Bei Pokal/Cupspielen oder an Turnieren kommt es zum sog. **Elfmeterschiessen**, wenn nach der regulären Spielzeit und einer eventuellen Verlängerung der Spielstand unentschieden steht. Ziel des Elfmeterschiessens ist es, dass danach ein Sieger des Spiels feststeht. Der Strafstoss wird vom Penalty- Punkt ausgeführt, welcher sich 11 Meter vor dem Tor befindet (bei den kleineren Junioren auf den kleineren Spielfeldern ist der Penalty-Punkt näher beim Tor. Die Tore sind aber auch kleiner). Zu diesem Zweck darf sich nur ein Spieler als Schütze im 16meter/ Strafraum und im Teilkreis ausserhalb des Strafraums aufhalten. Dabei darf der Torhüter versuchen, den Torschuss zu verhindern. Dazu muss er bis zur Schussabgabe mit mindestens einem Fuss auf der Torlinie stehen bleiben. Tut er dies nicht, muss der Schiedsrichter/Spielleiter den Strafstoss wiederholen lassen. Dies geschieht aber nur dann, wenn kein Tor erzielt wurde, damit der Torhüter nichts manipulieren kann, d.h. nicht unzählige Wiederholungen bewirken kann, denn aus einem Vorteil darf kein Nachteil entstehen.

☐ Das **Abseits/Offside**. Das ist wohl die am meisten diskutierte Regel im Fussball. Ein Spieler, der in der gegnerischen Platzhälfte steht, muss in Blickrichtung zum gegnerischen Tor immer entweder 2 Gegenspieler oder den Ball vor sich haben, bevor er den Ball zugespielt bekommt, oder aktiv ins Spiel eingreift, damit er nicht im Offisde/Abseits steht. Als Zeitpunkt der Beurteilung gilt die Ballabgabe, d.h. der Zeitpunkt, zu dem der Spieler den Ball zugespielt bekommt, und nicht der Zeitpunkt, bei dem der Spieler den Ball effektiv am Fuss hat. Ein Regelverstoss findet aber nur dann statt, wenn ein Spieler in Abseitsposition <u>aktiv</u> ins Spielgeschehen eingreift (Aktives Abseits). Dann wird das Spiel unterbrochen und mit einem indirekten Freistoss für die verteidigende Mannschaft fortgesetzt. Kein Regelverstoss liegt dann vor, wenn ein angreifender Spieler den Ball direkt aus einem Abstoss, einem Einwurf oder einem Eckball erhält oder der Spieler erkennbar nicht in das Spiel eingreift (Passives Abseits). Bei den kleinen Junioren (F-D) gibt es betreffend Abseits je nach Regionalverband unterschiedliche eigene Regeln.

☐ Beim **Eckball/Eckstoss/Ecke/Corner** geht es um eine Spielfortsetzung aus einem eingezeichneten Viertelkreis-Feld heraus, welches sich bei allen 4 Schnittpunkten von der Tor- und der Seitenlinie, d.h. in den 4 Ecken eines Spielfeldes, befindet. Ein Eckball muss immer von der Seite des Tores ausgeführt werden, auf welcher der Ball das Spielfeld zuvor verlassen hat. Zu einem Eckball kommt es, wenn der Ball die Torlinie ausserhalb des Tores (es wurde kein Tor erzielt) im vollen Umfang überquert und ein verteidigender Spieler den Ball zuletzt berührt hat. Bei den Junioren G-C darf ein Eckball meistens näher beim Tor ausgeführt werden. Ein Eckball darf direkt "verwandelt" (d.h. ein Tor geschossen) werden. Bei einem Eckball muss die verteidigende Mannschaft ebenfalls denselben Abstand zum Ball wie bei einem Freistoss einhalten. Beim Eckball ist die Abseits-/Offside- Regel für eine erste direkte Ballberührung eines weiteren Angreifers aufgehoben. Beim Eckball darf der ausführende Spieler den Ball nur einmal berühren. Berührt er ihn ein zweites Mal, bevor ein anderer Spieler ihn berührt hat, so wird dem gegnerischen Team ein indirekter Freistoss zugesprochen.

Spezialfälle: Einen Eckball kann es auch dann geben, wenn der Ball bei einem Freistoss, einem Anspiel, oder einem Einwurf direkt ohne Berührung eines weiteren Spielers im eigenen Tor landet. Dann zählt das Tor nicht, sondern es gibt Eckball für die gegnerische Mannschaft. Dies deshalb, weil auch hier gilt: Aus einem Vorteil darf kein Nachteil entstehen.

Wenn Du in Sachen Spielregeln weitere, detailliertere Informationen möchtest, so kannst Du Dich auf der Website des Weltfussballverbandes FIFA umfassend in einem zurzeit 144-seitigen offiziellen PDF-Regelwerk informieren. [10]

4.6. Rechtslage auf dem Fussballplatz

In Deutschland, Österreich und der Schweiz sind Fussballplätze und Vereinsgelände keine rechtlichen Sonderräume. Es gelten dieselben **Gesetze** wie an anderen Orten auch. Klar ist, dass sich ein Fussballspieler bewusst einer erhöhten Verletzungsgefahr aussetzt. Das bedeutet aber nicht, dass bösartige Übergriffe, Tätlichkeiten, Verletzungen von Persönlichkeitsrechten (z.B. Datenschutz), physische oder psychische **Gewalt** (Mobbing) einfach hingenommen werden müssen.

Speziell im Bereich der **Persönlichkeitsrechte** kommt es bei Vereinen öfter zu "Datenschutz-Verletzungen". Dies geschieht in der Regel durch Unwissenheit der beteiligten Personen im Verein. Wie bereits erwähnt sind die Vereinsfunktionäre keine Profis, sondern ehrenamtlich tätige Personen, die für ihre Aufgaben viel von ihrer Freizeit opfern. Wenn Du eine Persönlichkeitsverletzung, wie z.B. die Verletzung am Recht des eigenen Bildes (ein Bild von Deinem Kind wird ohne Deine Einwilligung auf der Website des Vereins gepostet) feststellst, empfiehlt es sich, am besten das Gespräch mit der zuständigen Person zu suchen und eine Korrektur zu verlangen, z.B. die Entfernung des Bildes innerhalb von zwei Tagen. In sämtlichen mir bisher bekannten Fällen wurden Probleme dieser Art rasch und zur vollen Zufriedenheit aller geregelt. Sollte dies wider Erwarten bei Dir nicht der Fall sein, so beschwere Dich beim Vereinspräsidenten/Vorstand, am besten schriftlich. Sollte auch dies nichts bringen, kannst Du in einem zweiten Schreiben eine neue Frist setzten unter Vorbehalt weiterer rechtlicher Schritte.

Unfall oder absichtliche, bösartige **Tätlichkeit?** Das kann je nach Situation eine schwer zu beantwortende Frage sein. Handelt es sich dabei um einen Vorfall während eines Spiels, so kommt der Beurteilung des Schiedsrichters eine grosse Bedeutung zu. Denn auf Grund seiner Beurteilung wird der fehlbare Spieler sofort durch den Schiedsrichter (mit Spielausschluss) und eventuell später zusätzlich noch durch den Verband sanktioniert (weitere Spielsperren, Bussen, usw.).
Den **Rechtsweg** zu beschreiten erachte ich immer als letzte Option. Ab wann man rechtliche Schritte einleiten möchte, sollte gut überlegt werden. Aus meiner Sicht empfehlenswert ist dies bei: Wiederholter Gewaltanwendung, wenn sämtliche andere Massnahmen nichts bewirkt haben (Wiederholungstäter) und wenn Du Probleme mit der **Versicherung** bekommst. Bevor Du den Rechtsweg einschlägst, empfiehlt sich unbedingt eine juristische Beratung durch eine lizenzierte Anwaltsperson.

Artet eine Situation aus, z.B. in eine Massenschlägerei, so ist in jedem Fall unverzüglich die Polizei zu alarmieren. Diese wird die weiteren Massnahmen ergreifen und Dich, wenn Du oder eines Deiner Familienmitglieder betroffen ist, fragen, ob Ihr eine Anzeige machen möchtet.

Wie bereits in Kapitel 4.2 "Was tun bei Problemen?" erwähnt, empfehle ich Dir, Dich bei Pädophilie- und Mobbing-Verdacht unbedingt schon beim ersten Verdachtsmoment mit einer professionellen anerkannten Beratungsstelle in Verbindung zu setzen, um das weitere Vorgehen zu definieren.

4.7. An wen können wir uns wenden?

Wenn Du alles unternommen hast, um eine Problemlösung zu erwirken und trotzdem nicht weiter gekommen bist, braucht es unbedingt Hilfe von aussen.

Dabei empfehle ich Dir eine "Stelle" im eigenen Bundesland/Kanton auszuwählen, da es einfacher ist, diese bei Bedarf zu besuchen, und weil unter Umständen Gesetze und Bestimmungen des Bundeslandes/Kantons mitberücksichtigt werden müssen. Solche Stellen findest Du am einfachsten im Internet.

Tipp: Hast Du Probleme mit einer staatlichen Institution wie z.B. der Schule, so empfehle ich Dir eher eine nicht staatliche Beratungsstelle, bei Problemen mit einer nicht staatlichen Institution wie z.B. mit dem Fussballverein eher eine staatliche Beratungsstelle. Die staatlichen Beratungsstellen sind in der Regel kostengünstiger und die privaten Beratungsstellen sind in der Regel unabhängiger. Dies gilt natürlich alles nach dem Motto: Keine Regel ohne Ausnahme.

4.8. Gesundheit / Ernährung

Zu diesen Themen gibt es ganze Bibliotheken von Fachliteratur mit unterschiedlichsten Ansichten je nach Experten. Worin sich praktisch alle "Fachleute" einig sind, könnte man ungefähr so zusammenfassen: Wenn man auf genügend Bewegung, eine gesunde ausgewogene Ernährung und ausreichend Schlaf (Erholung) achtet, ist dies gut für die Gesundheit und das Wohlbefinden des ganzen Menschen.

Fitness

Unter **Fitness** wird landläufig die geistige (mentale) und körperliche Verfassung bezeichnet, um leistungsfähig zu sein. Im Fussball ist die Fitness ein sehr wichtiger Faktor. Ein Fussballer muss über eine gewisse körperliche Leistungsfähigkeit und mentale Stärke verfügen, damit er bei einem Wettkampf eingesetzt werden kann.

Das Gegenteil von fit ist unfit, unsportlich oder träge. Auch wenn es bei Deinem Kind (noch) nicht um Spitzensport geht, so ist die körperliche und geistige Fitness doch relevant. So haben Forscher heute wissenschaftlich belegen können, was schon die alten Griechen wussten: Ausreichend Bewegung schützt und hilft bei Depressionen. So verordneten die alten Griechen Menschen mit Melancholie (wie Depressionen damals genannt wurden) viel Bewegung, was diesen Leuten offensichtlich half [11]. Es gibt aber auch ein zu viel an Sport. Dies ist ebenso ungesund wie zu wenig Sport und bewirkt das Gegenteil der erwähnten positiven Effekte. Zum Glück haben Kinder eine natürliche "Bremse" eingebaut, mit der sie sich selbst vor Überlastung schützen. Wenn ein Kind nicht mehr kann, macht es automatisch eine Pause und macht weiter, wenn es wieder die Kraft dazu hat. Dies gilt es unbedingt zu respektieren und das Kind nicht weiter zu pushen.

Körperpflege

Die **Körperpflege** ist auch schon für Kinder und Jugendliche wichtig für die Gesundheit. Dabei gilt es zu beachten, dass die Haut der Kinder und Jugendlichen viel empfindlicher ist als die der Erwachsenen. Deshalb sollten für die Körperpflege altersentsprechende Pflegeprodukte verwendet werden, was auch für die Sonnencremes gilt. Ein guter Sonnenschutz ist insbesondere für Kinder wichtig, mehr noch, wenn ein Kind eine eher helle, vermehrt sonnenbrandgefährdete Haut hat.

Dass das Zähneputzen, optimal nach jeder Mahlzeit, aber mindestens je einmal am Morgen und am Abend, sowie das Händewaschen, wenn man nach Hause kommt und vor jedem Essen und nach jedem Toilettenbesuch, ebenfalls zur Körperpflege dazugehören, braucht wohl nicht speziell erwähnt zu werden.

Nun beschäftige ich mich mit der Körperpflege beim Fussballspielen. Dabei komme ich direkt auf den Kernpunkt: Das Duschen nach dem Training oder nach einem Spiel/Turnier. Zu meiner Juniorenzeit gab es das Sprichwort: „*Nur Schweine duschen nicht*", und wer von uns wollte schon ein Schwein sein, zumal wir alle wussten, wie sehr Schweine stinken, wohnten wir doch auf dem Lande. Zu jener Zeit war es völlig normal, dass die Erwachsenen Fussballer bzw. die Trainer sich in derselben Kabine/Garderobe umzogen wie wir Kinder und in derselben Dusche duschten.

Dies ist heute völlig unvorstellbar (Stichwort sexuelle Übergriffe). Der Nachteil ist, dass die damals vorhandenen erwachsenen externen Vorbilder den Kindern heutzutage fehlen, und sie das richtige Verhalten auf andere Art und Weise erlernen müssen.

Ich empfehle Dir, bereits nach dem ersten Training Dein Kind ans Duschen und Anziehen von sauberen, trockenen Kleidern zu gewöhnen. Kinder bis und mit E-Juniorenalter können noch zu Hause duschen oder baden, ab dem D-Juniorenalter bzw. ab Beginn der Pubertät solltest Du darauf bestehen, dass Dein Kind direkt vor Ort duscht und erst dann die Heimreise antreten. Je nach Kind möchte dieses eventuell zunächst auswärts noch nicht nackt duschen. Dann kann das Kind mit einer Badehose (Mädchen ev. mit einem Bikini) oder Unterhose duschen, bis es zum "nackt" duschen bereit ist. Die Reinigung des Intimbereichs muss halt dann später noch zuhause gemacht werden. → So wie diese auch sonst täglich gemacht wird.

Um eine eventuell mangelnde Dusch-Motivation zu beseitigen, kann es nützlich sein, wenn Du z.B. Dein Kind den Gestank von Schweinen erleben lässt, oder /und Du ihm TV-Bilder eines seiner Lieblings-Fussballspielers zeigst. Das kann hilfreich sein, denn die Profifussball-Vorbilder Deines Kindes sind bei TV-Auftritten immer frisch geduscht und sauber angezogen. Das kann dazu führen, dass Dein Kind sich ebenso verhalten möchte wie sein Vorbild.

Ernährung

Betreffend **Ernährung** gehe ich hier nur auf die Zeit vor, während und nach einem Training/Spiel/Turnier ein. Da sollten Fast-Food, Wurstwaren, fettige Speisen, wie z.B. Pommes, Süssigkeiten, Süssgetränke, usw. keinen Platz haben. Dies gilt selbstverständlich auch für Alkohol und andere legale, so wie auch alle illegalen Drogen.

Rund drei Stunden vor einer geplanten Fussballeinheit sollte der Kohlenhydrat-speicher aufgefüllt sein. Dabei solltest Du auf Weissmehlprodukte und Zucker verzichten. Denn diese sorgen nur für einen kurzen Energieschub, dann sinkt das Leistungsniveau wieder ab, dies dann gerade während des Matchs, wenn man Leistung haben möchte. Zudem machen sie auf Dauer eine Gewichtszunahme.

Gut geeignet sind Pasta/Teigwaren, Vollkornbrot und Reis. Daneben braucht ein Sportler auch Fette, am besten von Fischen oder von pflanzlichen Ölen, und Eiweisse, am besten von Eiern, magerem Fleisch, Milchprodukten und Hülsen-früchten. Speziell unter der Woche, wenn Dein Kind zur Schule geht, kannst Du ihm nicht immer 3 Stunden vorher den Kohlenhydratspeicher auffüllen. Da sollte Dein Kind zwischendurch immer wieder etwas Essen und Trinken. Ganz wichtig ist, dass Dein Kind nicht hungrig zum Fussball geht. Da sind zur Stillung des Hungers entweder etwas Brot oder ein Getreideriegel geeignet. In der Halbzeit-pause sollte keine feste Nahrung eingenommen werden. Bei Turnieren empfehle ich Getreideriegel zwischen den Spielen.

Das Wichtigste zum Schluss: Genügend Trinken! Achte darauf, dass Dein Kind den ganzen Tag über, vor dem Fussball und auch während und danach genügend trinkt. Normales Wasser oder ungezuckerter Tee sind dazu optimal geeignet. Es braucht im Breitensportbereich keine isotonischen Getränke. Nach dem Trai-ning/Spiel hilft ein Glas Milch zur besseren und schnelleren Regeneration.

Schlaf

Wie viel **Schlaf** braucht der Mensch? Diese Frage kann nicht global beantwortet werden. Einig ist man sich darin, dass die "optimale" Schlafdauer einerseits individuell und anderseits altersabhängig ist. In der nachfolgenden Tabelle habe ich die Empfehlungen für eine angemessene Schlafdauer nach Alter in Stunden pro Tag aufgeführt. Die Daten und Tabellenvorlage stammen von der National Sleep Foundation[1].

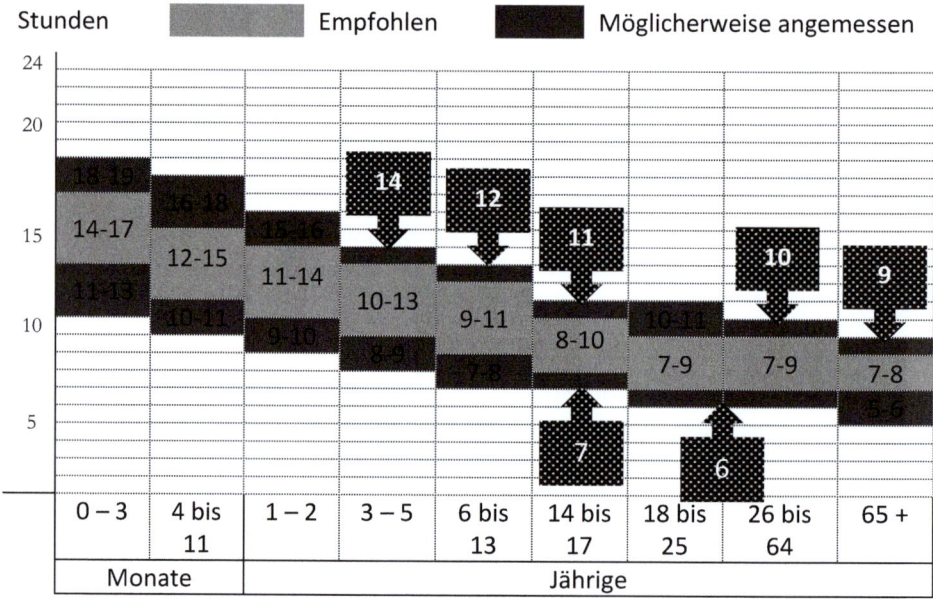

Wenn sich Dein Kind mit seiner Schlafdauer im altersmässigen Range befindet und keine Schlafstörungen festzustellen sind, so ist alles im grünen Bereich. Spitzensportler brauchen erwiesenermassen mehr Schlaf. So ist z.B. im Artikel der Schweizer Zeitung Blick vom 04.09.2018 über den Tennisstar Roger Federer zu lesen: "Er schläft regelmässig elf Stunden. Damit ist er zwar auch bei den Langschläfern die krasse Ausnahme. Unter Spitzensportlern ist er aber in guter Gesellschaft. Nicht wenige machen lange Schlaf- und Erholungsphasen für ihren Erfolg mitverantwortlich." [12]

---

[1] https://www.sleepfoundation.org/

4.8.1. Verletzungen

Das Fussballspiel ist ein sehr dynamisches Spiel, bei welchem starke Kräfte auf den Körper einwirken. So sind schnelle Richtungswechsel, kurze Sprints und rasches Abbremsen an der Tagesordnung. Auch Zusammenstösse in Zweikämpfen gehören zur DNA des Spiels. Im Profi-Fussball haben Beobachtungsstudien gezeigt, dass die meisten **Verletzungen** die unteren Extremitäten betreffen. Sehr oft betroffen sind das Sprunggelenk, das Kniegelenk sowie die Ober- und Unterschenkel-Muskulatur. Am häufigsten kommt es zu Verletzungen durch Umknicken, Zerrungen und Prellungen. Neben diesen traumatischen Verletzungen, welche bis zu 70% ausmachen, machen die **Überlastungsverletzungen** mit 9 – 34% einen nicht zu vernachlässigenden Anteil aus. Überlastungsverletzungen treten auf, wenn dem Körper mehr zugemutet wird, als er aktuell verkraften kann. In der Regel baut sich das Problem über einen längeren Zeitraum auf, wenn dem Körper zwischen den einzelnen Belastungen nicht genügend Zeit zur Erholung gegeben wird.

Generell nimmt die Verletzungsanfälligkeit mit dem Alter zu. Ungefähr ab dem 17. Altersjahr haben Jugendliche schon dieselbe Verletzungshäufigkeit wie die Erwachsenen.

Für Euch als Eltern geht es zuerst darum, **Verletzungen** Eures Kindes möglichst zu **verhindern**. Dies könnt Ihr am besten erreichen, wenn Ihr Euer Kind auf ein gutes **Aufwärmen** vor jedem Training oder Spiel hinweist, mit der Begründung, dass dies die Profifussballer ebenfalls so machen. Auch ein gutes **Auslaufen** mit Dehnübungen gehört bei den Profis zum Standardprogramm. Im organisierten Training oder Spiel übernimmt diese Aufgabe der Trainer. Kinder spielen aber oft zusätzlich Fussball ausserhalb des Vereins. Da lohnt es sich, das Kind darauf hinzuweisen, dass es sich gut aufwärmt. Speziell bevor es damit beginnt, auf ein Tor zu schiessen.

Falls Du selbst mit Deinem Kind Fussballspielen gehst, achte darauf, dass alle Körperpartien, ganz speziell die unteren Körperpartien wie Füsse, Beine und Hüfte, gut aufgewärmt werden. Ein Einlaufen sowie Kräftigungs- und Stabilitäts-Übungen gehören aus meiner Sicht immer zu einer Vorbereitung auf ein Training oder ein Spiel. Was recht gut funktioniert ist, das Kind die Übungen, welche es jeweils im Training macht, vorzeigen zu lassen und diese dann als Eltern mitzumachen.

Hilfreich kann es sein, wenn Du Dir mit Deinem Kind ein Spiel bei den Profis im Stadion ansiehst und dazu früh genug im Stadion Platz nimmst. So könnt Ihr Euch gemeinsam das Aufwärmen und die weiteren Spiel-Vorbereitungen der Profis anschauen. Wenn Kinder selber sehen können, wie ihre Vorbilder, die grossen "Stars", diszipliniert vor dem Spiel dieselben Übungen machen wie sie, hinterlässt das bei den kleinen "Stars" meist einen bleibenden Eindruck.

Um Überlastungsverletzungen vorzubeugen ist es wichtig, dass Du und Dein Kind lernen auf die Signale des Körpers zu achten. Anzeichen, welche auf eine kommende Überlastungsverletzung hinweisen sind:

- Verspannte Muskulatur, welche trotz Auslaufen und Dehnen sich weiterhin verkrampft und unangenehm anfühlt.
- Anhaltende körperliche und/oder mentale Müdigkeit im Alltag.

Hier helfen nur <u>sofortige Reduktion</u> der sportlichen Belastung und eventuell ein gezieltes aufbauendes Kräftigungsprogramm unter fachlicher Anleitung.

Ein weiterer ganz wichtiger Punkt für die Verletzungs-Prophylaxe ist eine richtige und gute Ausrüstung. Ist die Ausrüstung Deines Kindes nicht mehr in einem guten Zustand oder nicht mehr passend, erhöht dies das Verletzungsrisiko. Da lohnt es sich, nicht am falschen Ort zu sparen.

Kommt es trotzdem zu einer **Verletzung**, dann muss man diese selbstverständlich sofort **behandeln**. Ganz gut gelingt dies, wenn Du mit Deinem Kind Folgendes durchbuchstabierst:

P = Pausieren (Sportliche Aktivität beenden, Ruhen)

E = "Eis" auflegen (=Kühlen, es muss nicht zwingend Eis sein. Falls Eis verwendet wird: nie direkt auf die Haut und nie länger als 10 Min. auflegen, da es ansonsten zu Erfrierungen kommen kann.)

C = Compression (Kompression mit elastischer Binde: satt, aber nicht zu fest einbinden, da es ansonsten zu Durchblutungsstörungen kommen kann.)

H = Hochlagern

Bei frischen Wunden sollten keine Wärme zugeführt und keine Massagen gemacht werden. Offene Wunden sind sauber zu reinigen, zu desinfizieren und möglichst steril, mit Pflaster oder Verband, "zu verschliessen". Um alles weitere werden sich Ärzte und weiteres Fachpersonal kümmern.

Achte ausserdem darauf, dass Dein Kind nach einer Verletzung nicht zu früh wieder mit dem Training beginnt. Dies aus dem Grund, dass bei nicht gut ausgeheilten Verletzungen später Probleme oder erneute Verletzungen auftreten können. Naturgemäss möchte Dein Kind so rasch wie möglich wieder mitmachen. In ihrer Beurteilung der Situation lassen sich die meisten Kinder, manchmal auch Eltern, aber mehr von ihrem Wunsch als vom gesunden Menschenverstand leiten.

Weiter wichtig ist, bei Wiederbeginn mit Training nach Verletzungen behutsam auf zu trainieren; das Kind wird anfangs noch nicht dasselbe Leistungsniveau haben wie vor der Verletzung, nicht dieselbe Ausdauer und vielleicht auch nicht dieselbe Schnelligkeit. In der Regel sind Kinder aber rasch wieder auf trainiert, nicht zuletzt auch, weil sie sich oft bereits im Alltag viel bewegen.

Zum Erhalt der Fitness während einer Verletzungspause kannst Du auch zusammen mit dem Trainer nach Rücksprache mit dem Arzt mit der gratis **App "Activdispens"** (im App Store und bei Google Play erhältlich) ein angepasstes Trainingsprogramm zusammenstellen, so, dass es trotz seiner Verletzung möglichst fit bleiben und sich sportlich betätigen kann. Das Ziel dieser App ist das Durchbrechen einer Inaktivität nach Verletzung oder bei Krankheit; es geht darum, dass Kinder und Jugendliche während dieser Phase körperliche Aktivitäten beibehalten, die sie auch mit den aktuellen Einschränkungen noch durchführen können, dies zur Unterstützung der Heilungsprozesses.

5. Diverses, Tipps und Tricks

Falls Ihr als Eltern zu wenig Zeit haben solltet, um das Fussballhobby Eures Kindes direkt zu unterstützen, so könnt Ihr Euch überlegen, ob für Euch und Euer Kind eine "Fussball- Patenschaft" in Frage kommen würde. Ihr könnt z.B. die Grosseltern, die Paten (Gotti/Götti), Onkel, Tante oder Bekannte, (z.B. Eltern eines Teamkollegen) Eures Kindes anfragen, ob diese eine "Fussball-Patenschaft" für Euer Kind übernehmen möchten. Am besten eignen sich dafür Personen, welche selber Freude am Fussball und genügend Zeit dafür haben.

In der Funktion als "Fussball-Pate" Eures Kindes begleitet diese Person Euer Kind beim Fussballspielen im Verein in Eurem Sinne.

Eine solche Fussball-Patenschaft eignet sich auch sehr gut für Eltern, welche den Fussball nicht mögen.

Damit das ganze wirklich in Eurem Sinne abläuft, ist es wichtig, dass Ihr als Eltern mit dieser Person zusammen festlegt, wer was macht und wer was entscheidet, und zum Schluss auch sicherstellen, dass Ihr alle dasselbe darunter versteht.

Findet Ihr jemanden aus Euerem Umfeld, der diese Funktion mit Freude übernimmt, so habt Ihr eine Win- Win- Situation geschaffen. Ihr könnt Euch bei dieser Person mit etwas revanchieren, dass Ihr gerne tut und wofür Ihr genügende Kapazitäten habt. So gewinnen alle Beteiligten dabei.

Selbstverständlich ist auch der umgekehrte Weg möglich, d.h., dass Ihr anderen Eltern eine Fussball-Eltern-Patenschaft anbietet. Denn es gibt Eltern, welche sich nicht für Fussball interessieren und froh sind, wenn sich jemand konstant und zuverlässig in ihrem Sinne um ihr Fussball spielendes Kind kümmert. Falls Ihr feststellt, dass es im Team Eures Kindes solche Eltern gibt, könnt Ihr Euch als Pate für dieses Kind zur Verfügung stellen und eine solche Patenschaft übernehmen. Eventuell können sich diese Eltern Eures Fussball Patenkindes bei Euch mit etwas revanchieren, das Ihr nicht gerne tut. So gewinnen ebenfalls alle Beteiligten dabei.

Wenn Du mit Deinem Kind einen **Vereinswechsel**, einen sogenannten Transfer, vornehmen möchtest, sollte unbedingt darauf geachtet werden, die **Transfer-Periode** nicht zu verpassen. Ansonsten kann Dein Kind eine halbe Saison lang in seinem neuen Verein an Spielen und Turnieren nicht mitspielen. In den meisten

Fällen sind Transfers nur in der Sommer- und der Winter-Pause möglich. Wenn Du einen Vereinswechsel vornehmen willst, so leite diesen möglichst rechtzeitig ein, am besten gleich nach dem letzten Spiel mit dem Team des "alten Vereins". In der Regel hilft Dir hierbei der "neue Verein" gerne.

Je nachdem, wo Ihr wohnt und wie weit der Fussballverein von Euerem Wohnort entfernt liegt, lohnt es sich für Dich, wenn Du nach Möglichkeit eine **Fahrgemeinschaft** mit anderen Eltern organisierst, um den Aufwand im "Taxi- Dienst" zu verringern.

Unter einer **"Junioren- Gruppierung"** versteht man, dass zwei oder mehrere Vereine im Nachwuchsbereich zusammenarbeiten. Bei kleineren Vereinen und im Bereich des Leistungsfussballs kommt dies öfters vor. So kann es sein, dass Dein Kind zwar weiterhin zum FC XY gehört, nun aber in der nächsten Saison in einem Team des FC UV spielen soll. Grundsätzlich versuchen alle Vereine, im Breitenfussball eigene Teams stellen zu können. Gelingt ihnen dies nicht, so macht ein gemeinsames Team in einer Gruppierung absolut Sinn, damit möglichst alle Kinder weiterhin spielen können. Für Euch kann dies bedeuten, dass die Fahrwege weiter werden und Du und Dein Kind Euch an neue Trainer und eine neue Umgebung gewöhnen müsst.

Die meisten **Probleme** entstehen aufgrund unterschiedlicher Wahrnehmungen zwischen Eltern und Trainern. Oftmals haben Eltern den Eindruck, dass ihr Kind in irgendeiner Weise benachteiligt wird, wobei die **Spielzeit** des Kindes in einem Spiel eines der häufigsten Themen ist. Bevor Du dieses Thema mit dem Trainer besprichst, ist es ratsam, zunächst mit Deinem Kind darüber zu reden. Möglicherweise hat Dein Kind überhaupt kein Problem damit. Stelle dabei keine führenden Fragen wie *"Findest du nicht auch, dass du heute zu wenig Spielzeit hattest?"* Solche Fragen sind nicht hilfreich, da sie bereits eine gewünschte Antwort vorgeben. Stattdessen ist es besser, allgemeine offene Fragen zu stellen, wie zum Beispiel: *Was hat dir heute gefallen? Was hat dir nicht gefallen? Wenn du der Trainer wärst, würdest du etwas anders machen? Falls ja, was?* Wenn Dein Kind bei dieser Art des Fragens kein Problem anspricht, hat es auch keines. Dann ist es am besten für alle Beteiligten, das Thema ruhen zu lassen. Sollte Dein Kind jedoch ein Problem ansprechen, vielleicht sogar eines, an das Du gar nicht gedacht hast, ist es ratsam, dies mit dem Trainer offen und ehrlich zu besprechen.

6. Epilog

So wie die ganze Welt sich mit der Zeit verändert und weiterentwickelt, so ist auch das Fussball-Universum ständig in Bewegung.

Deshalb passen wir unsere Produktpalette laufend den neuen Begebenheiten an und aktualisieren unsere bestehenden Angebote periodisch.

Mit viel Liebe und Sorgfalt pflegen wir unser Sortiment, welches Dir helfen soll, Dich in der Fussball-Welt weiterhin sicher und stressfrei bewegen zu können.

Damit Du nichts verpasst, abonnierst Du am besten gleich jetzt unseren kostenlosen FuFuchs-Letter per E-Mail. info@fussballfuchs.com

Du willst wissen was wir noch alles für Dich in unserem Sortiment haben?
Kein Problem. Alle weiterführenden Informationen zu unseren Produkten findest Du unter:
https://fussballfuchs.com/produkte/

Du willst wissen wer bei uns alles dabei ist?
Hier erfährst Du es:
https://fussballfuchs.com/ueber-uns/

Wir freuen uns darauf, Dich auch weiterhin auf Deinem Fussball-Weg begleiten zu dürfen.

Spiel stark, manage clever
Dein **FussballFuchs** Team

7. Literaturverzeichnis

[1] «Wikipedia Krankheit,» [Online]. Available:
https://de.wikipedia.org/wiki/Krankheit. [Zugriff am 08 06
2017].

[2] «Wikipedia Krise,» [Online]. Available:
https://de.wikipedia.org/wiki/Krise. [Zugriff am 08 06 2017].

[3] «Bibelserver Matthäus Evangelium Kapitel 7, Vers 12,»
[Online]. Available:
https://www.bibleserver.com/HFA/Matth%C3%A4us7. [Zugriff
am 09 Januar 2020].

[4] «Wikipedia Pubertät,» [Online]. Available:
https://de.wikipedia.org/wiki/Pubert%C3%A4t. [Zugriff am 27
02 2020].

[5] Wikipedia, «Wikipedia FIFA,» [Online]. Available:
https://de.wikipedia.org/wiki/FIFA. [Zugriff am 01 12 2019].

[6] UEFA, «Uefa,» [Online]. Available:
https://de.uefa.com/insideuefa/about-uefa/history/. [Zugriff
am 01 12 2019].

[7] DFB, «DFB Geschichte,» [Online]. Available:
https://de.uefa.com/insideuefa/about-uefa/history/. [Zugriff
am 27 02 2020].

[8] ÖFB, «ÖFB Geschichte,» [Online]. Available:
https://www.oefb.at/Teams/Das-
Nationalteam/Geschichte/Der-Fuszballsport-kommt-nach-
Oesterreich. [Zugriff am 27 02 2020].

[9] SFV, «SFV Geschichte,» [Online]. Available:
https://org.football.ch/ueber-uns/der-sfv/geschichte.aspx.
[Zugriff am 27 02 2020].

[10] FIFA, «FIFA Spielregeln PDF,» [Online]. Available:

https://img.fifa.com/image/upload/aopbnhwz4xqtknlqlasr.pdf.
[Zugriff am 27 02 2020].

[11] «netdoktor,» [Online]. Available:
https://www.netdoktor.ch/therapie/bewegung-bei-
depression-8584. [Zugriff am 28 11 2017].

[12] Blick, «Blick.ch,» [Online]. Available:
https://www.blick.ch/news/wirtschaft/managerkult-um-
wenig-schlaf-sie-halten-dagegen-der-reichste-mensch-ist-ein-
langschlaefer-id8650796.html. [Zugriff am 20 02 2020].

8.   Stichwortverzeichnis

Notizen